DOUDOUS À COUDRE

50 MODÈLES FACILES À FAIRE

Direction d'édition : Thierry Lamarre
Assistante d'édition : Adeline Lobut
Coordination : Charlotte Rion
Réalisation : Clémentine Collinet
Photographies : Pierre Nicou
Correction-révision : Isabelle Misery
Conception graphique et mise en pages : Either studio
Couverture : Nicolas Valoteau

DOUDOUS À COUDRE

50 MODÈLES FACILES À FAIRE

index

Conseils et Astuces

Pour les fournitures, vous pouvez : récupérer les chutes de tissus, utiliser de vieux vêtements, acheter les tissus (Marché Saint-Pierre, 2, rue Charles-Nodier, 75018 Paris ; L'Entrée des fournisseurs, 8, rue des Francs-Bourgeois 75003 Paris - www.entreedesfournisseurs.fr ; tissus indiens - www.annakabazaar.com)

Pour le rembourrage, n'hésitez pas à utiliser celui de vieux coussins ou des vieux t-shirts.Pour les fils et feutrines, pensez à les acheter coordonnés aux tissus.

Astuces : Lavez et repassez les tissus avant de commencer, utilisez le fil de la même couleur que le tissu pour toutes les coutures, y compris pour les coutures intérieures, pour la coupe, respectez le sens du tissu.

LE POINT ARRIÈRE

Piquer l'aiguille en arrière de son point de sortie et la sortir en avant. Les distances entre le fil et le point d'entrée et entre le fil et le point de sortie doivent être égales.

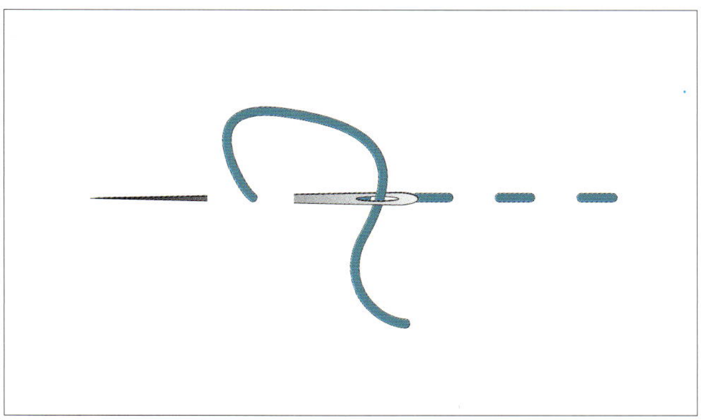

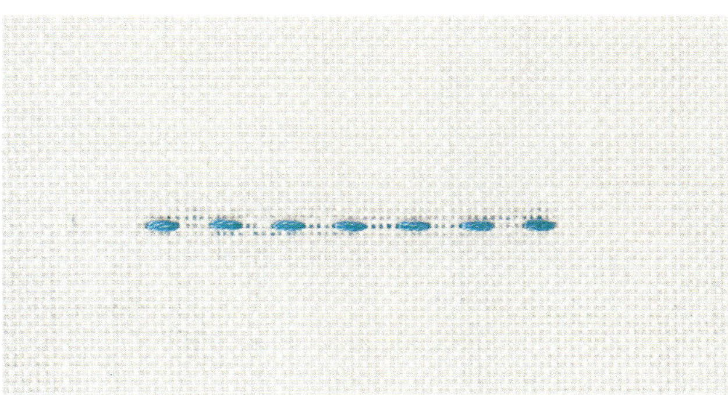

LE POINT DE NŒUD SIMPLE

Sortir l'aiguille, enrouler le fil autour de l'aiguille et repiquer au même point. Tirer doucement pour fermer le nœud. Sortir au point suivant.

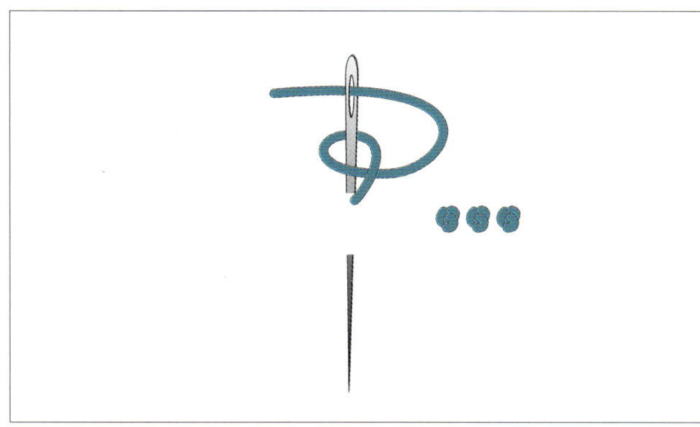

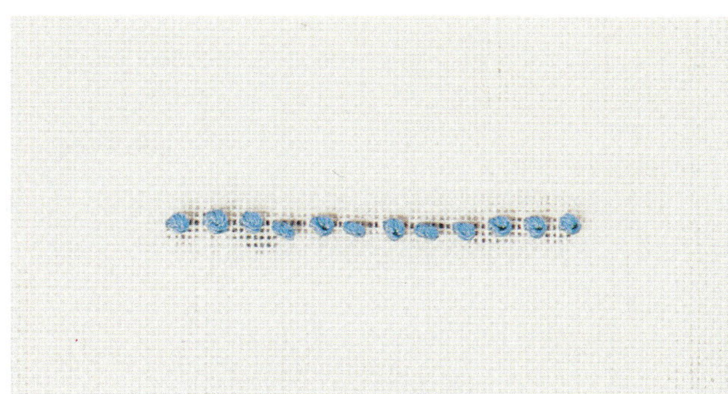

Amédée la souris

LOU LE LOUP

Amédée la souris

Pour réaliser soi-même son doudou, il faut :

- un coupon de tissu de 15 cm/15 cm pour la tête.
- un coupon de tissu imprimé de 15 cm/12 cm pour le corps.
- un coupon de tissu uni de 15 cm/27 cm pour le dos.
- un coupon de tissu de 25 cm/25 cm pour les pattes.
- un coupon de tissu de 18 cm/18 cm pour les oreilles.
- un morceau de feutre ou feutrine de 6 cm/9 cm pour le museau et un petit morceau de feutrine pour la tache.
- de la ouate, du f l à broder de différentes couleurs, du fil à coudre, du rembourrage, un pompon.
- une paire de ciseaux, une aiguille à coudre, une aiguille à broder.

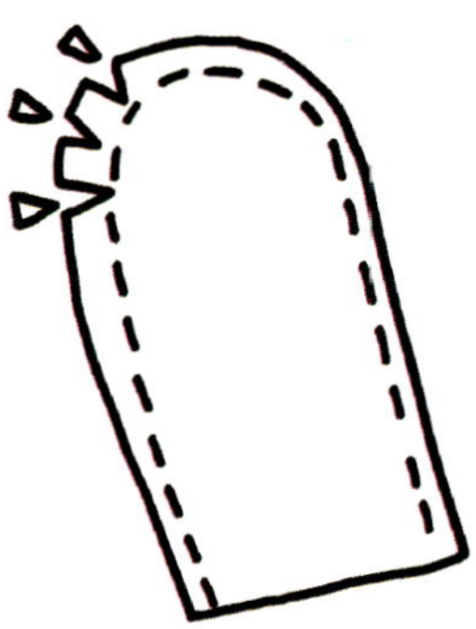

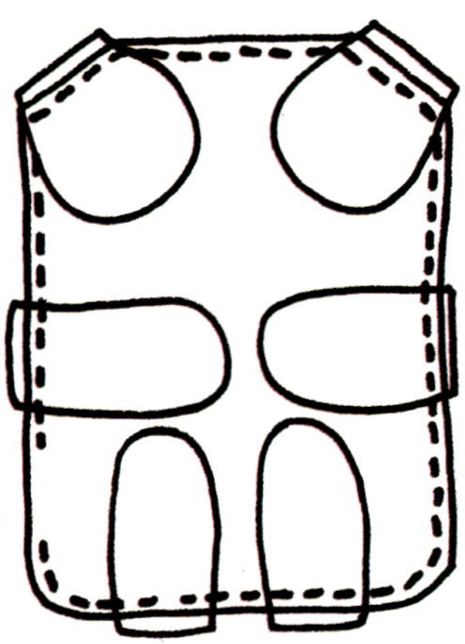

1 - Reproduire le patron sur une feuille de papier et découper les différentes pièces. Prévoir 0,5 cm supplémentaire pour les coutures.

2 - Reporter et découper la tête sur le tissu choisi ainsi que le bas du corps sur le tissu imprimé. Pour le dos, réunir les patrons de la tête et du bas du corps sur le tissu uni et découper.
Pour les pattes, plier le tissu en 2, endroit contre endroit. Reporter la patte 4 fois et découper.
Pour les oreilles, plier le tissu en 2, endroit contre endroit. Reporter l'oreille 2 fois et découper.
Sur les feutrines, reporter et découper le museau et la tache 1 fois.

3 - Montage du devant
Coudre ensemble la tête et le bas du corps à 0,5 cm du bord, tissus endroit contre endroit.

4 - Montage des éléments
Coudre au point arrière le museau, faire les yeux avec un point de nœud en plaçant la tache, faire la bouche au point arrière et coudre le pompon au bout du museau.

5 - Réalisation des pattes et des oreilles
Superposer les 2 morceaux de tissu endroit contre endroit.
Coudre à 0,5 cm du bord en laissant une ouverture.
Cranter (à l'aide de ciseaux, couper des crans du bord du tissu à la couture) et retourner. Rembourrer.
Faire de même avec les oreilles.

6 - Montage du doudou
Superposer endroit contre endroit les 2 parties du corps. Glisser et épingler les pattes et les oreilles entre les 2 épaisseurs de tissu (voir schéma). Coudre autour du corps (à 0,5 cm du bord) en laissant une ouverture sur le côté. Cranter les arrondis et retourner le corps sur l'endroit. Bourrer le doudou puis fermer à points glissés.

TÊTE
FAIRE LES YEUX AVEC UN POINT DE NŒUD
EMPLACEMENT DU POMPON
MUSEAU À COUDRE AU POINT ARRIÈRE
OREILLE
BAS DU CORPS

PATTE

Lou Le Loup

Pour réaliser soi-même son doudou, il faut :

- un coupon de tissu fourrure noire de 20 cm/20 cm pour la tête et un coupon de 20 cm/20 cm pour la queue.
- un coupon de tissu imprimé de 15 cm/18 cm pour le corps.
- un coupon de tissu uni de 30 cm/20 cm pour le dos.
- un coupon de tissu de 25 cm/25 cm pour les pattes.
- un coupon de tissu de 30 cm/10 cm pour l'écharpe.
- un morceau de feutre ou feutrine grise de 8 cm/7 cm pour le museau et quelques morceau de feutrine blanche pour les dents et les yeux.
- de la ouate, du fil à broder de différentes couleurs, du fil à coudre, du rembourrage, un pompon.
- une paire de ciseaux, une aiguille à coudre, une aiguille à broder.

1 - Reproduire le patron sur une feuille de papier et découper les différentes pièces. Prévoir 0,5 cm supplémentaire pour les coutures.

2 - Sur le tissu fourrure noire, reporter et découper la tête ainsi que 2 fois la queue. Faire de même pour le bas du corps sur le tissu imprimé. Pour le dos, réunir les patrons de la tête et du bas du corps sur le tissu uni et découper.
Pour les pattes, plier le tissu en 2, endroit contre endroit. Reporter la patte 4 fois et découper.
Sur la feutrine grise, reporter et découper le museau et les 2 dents. Sur la feutrine blanche, reporter et découper les 2 yeux.

3 - Montage du devant
Coudre ensemble la tête et le bas du corps à 0,5 cm du bord, tissus endroit contre endroit.

4 - Montage des éléments
Coudre le museau au point arrière en glissant les dents. Avec un point de nœud, placer les yeux ainsi que le pompon au bout du museau.

5 - Réalisation des pattes et de la queue
Superposer les 2 morceaux de tissu, endroit contre endroit (voir schéma).
Coudre à 0,5 cm du bord en laissant une ouverture.
Cranter (à l'aide de ciseaux, couper des crans du bord du tissu à la couture) et retourner. Rembourrer.
Faire de même avec la queue.

6 - Montage du doudou
Superposer endroit contre endroit les 2 parties du corps. Glisser et épingler les pattes et la queue entre les 2 épaisseurs de tissu (voir schéma).
Coudre autour du corps (à 0,5 cm du bord) en laissant une ouverture sur le côté. Cranter les arrondis et retourner le corps sur l'endroit. Bourrer le doudou puis fermer à points glissés. Nouer l'écharpe.

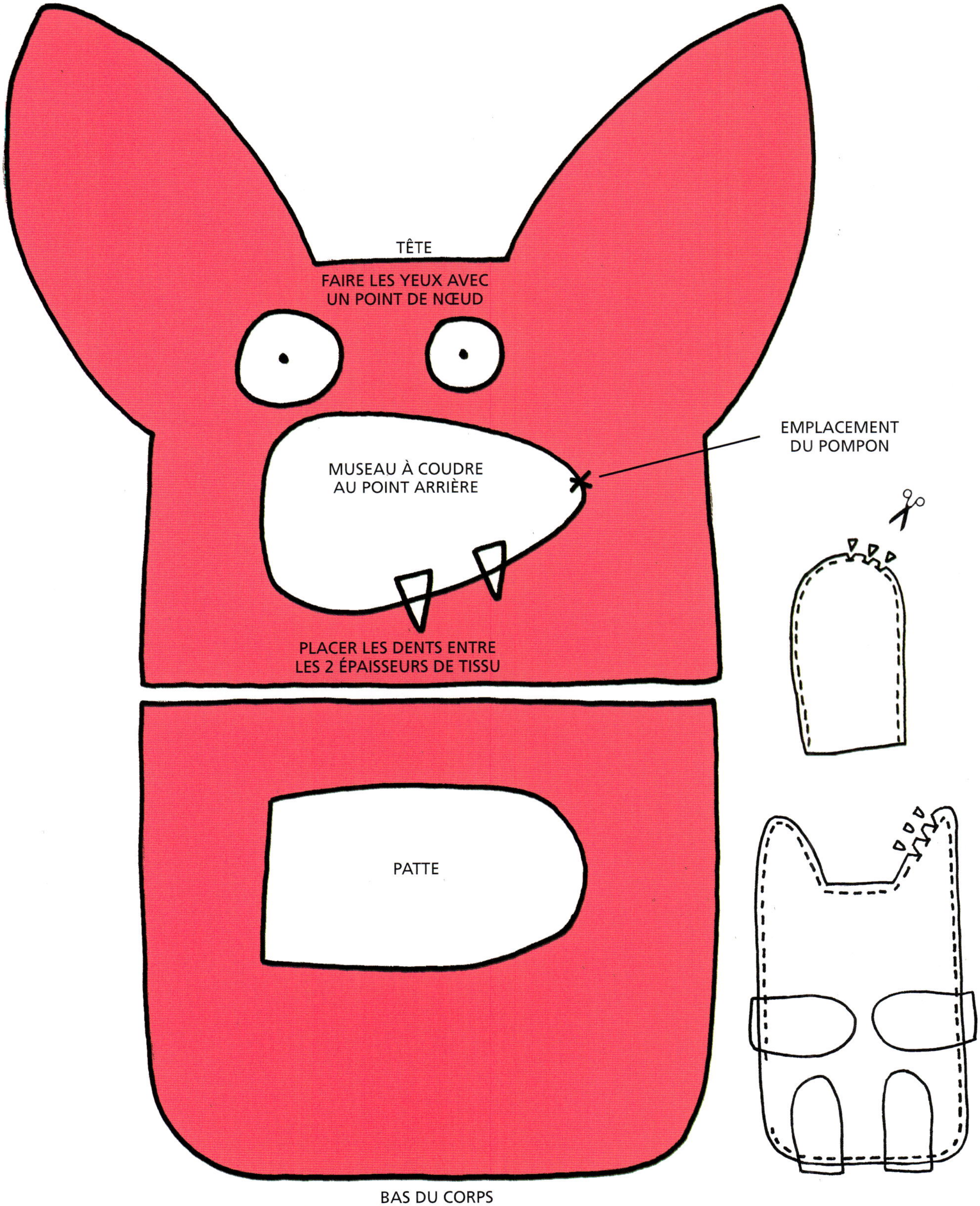
TÊTE
FAIRE LES YEUX AVEC
UN POINT DE NŒUD
EMPLACEMENT
DU POMPON
MUSEAU À COUDRE
AU POINT ARRIÈRE
PLACER LES DENTS ENTRE
LES 2 ÉPAISSEURS DE TISSU
PATTE
BAS DU CORPS

Annette la souricette

Basile L'écureuil

Annette la souricette

Pour réaliser soi-même son doudou, il faut :

- un coupon de tissu imprimé de 22 cm/22 cm pour le devant.
- un coupon de tissu uni de 22 cm/22 cm pour le dos.
- un coupon de tissu de 25 cm/25 cm pour les pattes.
- un morceau de feutre ou feutrine de 9 cm/7 cm pour le museau.
- de la ouate, du fil à broder de différentes couleurs, du fil à coudre, du rembourrage, un pompon.
- une paire de ciseaux, une aiguille à coudre, une aiguille à broder.

1 - Reproduire le patron sur une feuille de papier et découper les différentes pièces. Prévoir 0,5 cm supplémentaire pour les coutures.

2 - Reporter et découper le devant et le dos sur les tissus choisis.
Pour les pattes, plier le tissu en 2, endroit contre endroit. Reporter et découper la patte 4 fois.
Sur la feutrine, reporter et découper le museau.

3 - Montage des éléments
Coudre le museau au point arrière. Faire les yeux avec un point de nœud. Coudre le pompon au bout du museau. Faire 3 points de nœuds de chaque côté du pompon.

4 - Réalisation des pattes
Superposer les 2 morceaux de tissu endroit contre endroit.
Coudre à 0,5 cm du bord en laissant une ouverture.
Cranter (à l'aide de ciseaux, couper des crans du bord du tissu à la couture) et retourner. Rembourrer.

5 - Montage du doudou
Superposer les 2 parties du corps endroit contre endroit. Glisser et épingler les pattes entre les 2 épaisseurs de tissu (voir schéma).
Coudre autour du corps (0,5 cm du bord) en laissant une ouverture sur le côté. Cranter les arrondis et retourner le corps sur l'endroit. Bourrer le doudou puis fermer à points glissés.

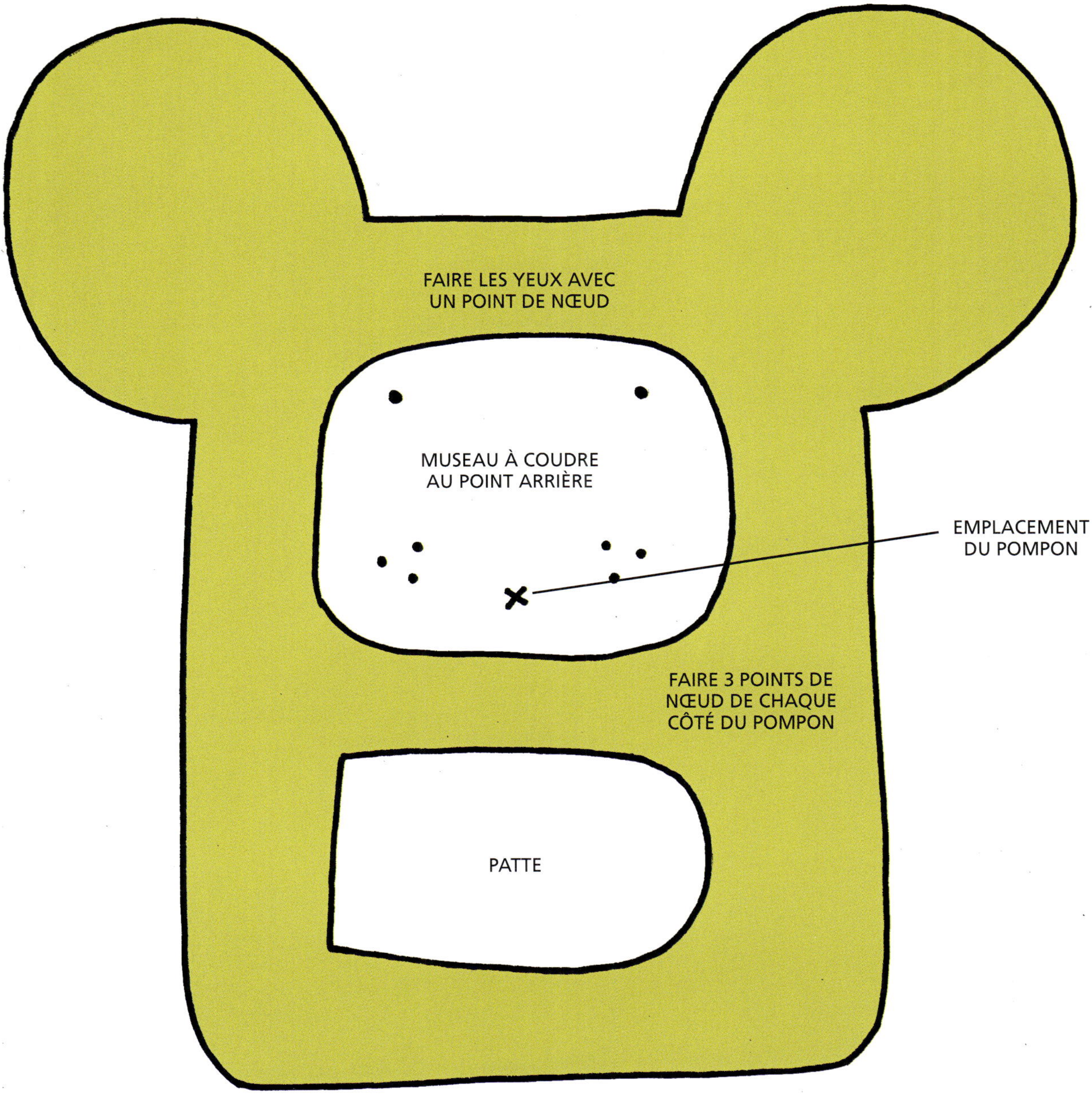
FAIRE LES YEUX AVEC
UN POINT DE NŒUD
MUSEAU À COUDRE
AU POINT ARRIÈRE
EMPLACEMENT
DU POMPON
FAIRE 3 POINTS DE
NŒUD DE CHAQUE
CÔTÉ DU POMPON
PATTE

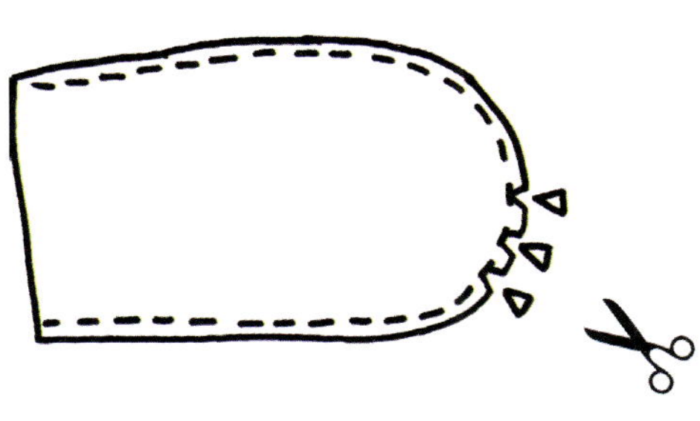

Basile L'écureuil

Pour réaliser soi-même son doudou, il faut :

- un coupon de tissu laine de 20 cm/20 cm pour la tête.
- un coupon de tissu laine de 20 cm/20 cm pour la queue.
- un coupon de tissu imprimé de 15 cm/18 cm pour le corps.
- un coupon de tissu uni de 30 cm/20 cm pour le dos.
- un coupon de tissu de 25 cm/25 cm pour les pattes.
- un morceau de feutre ou feutrine blanche de 14 cm/12 cm pour le masque et un morceau de 10 cm/5 cm pour les oreilles.
- de la ouate, du fil à broder de différentes couleurs, du fil à coudre, du rembourrage, un pompon.
- une paire de ciseaux, une aiguille à coudre, une aiguille à broder.

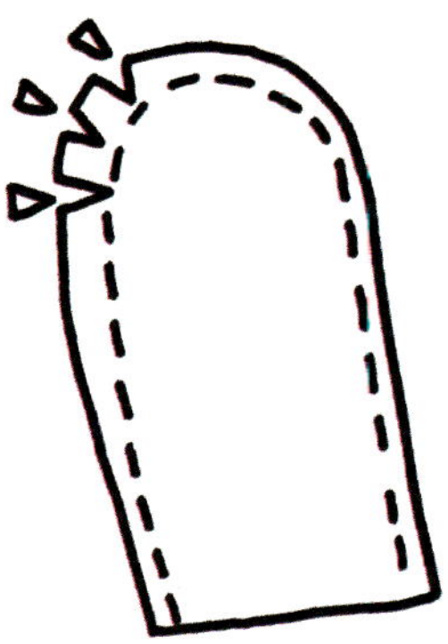

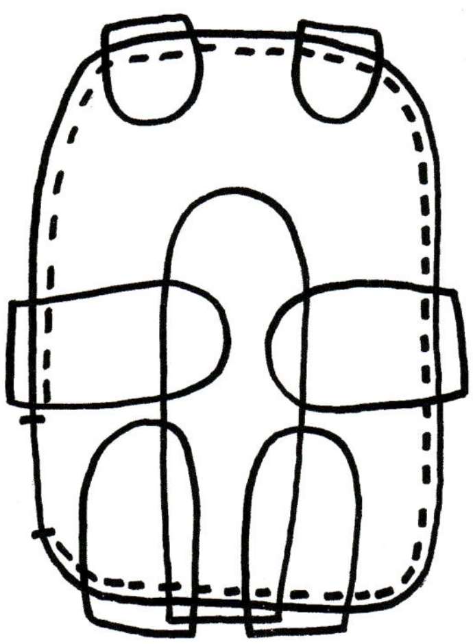

1 - Reproduire le patron sur une feuille de papier et découper les différentes pièces. Prévoir 0,5 cm supplémentaire pour les coutures.

2 - Reporter et découper la tête sur le tissu laine et 2 fois la queue. Faire de même avec le bas du corps sur le tissu imprimé. Pour le dos, réunir les patrons de la tête et du bas du corps sur le tissu uni et découper.
Pour les pattes, plier le tissu en 2, endroit contre endroit. Reporter et découper la patte 4 fois.
Sur la feutrine blanche, reporter et découper le masque 1 fois. Sur la feutrine choisie, reporter et découper les oreilles 2 fois.

3 - Montage du devant
Coudre ensemble la tête et le bas du corps à 0,5 cm du bord, tissus endroit contre endroit.

4 - Montage des éléments
Coudre le masque au point arrière et les yeux au point de nœud. Coudre le pompon.

5 - Réalisation des pattes et de la queue
Superposer les 2 morceaux de tissu endroit contre endroit.
Coudre à 0,5 cm du bord en laissant une ouverture.
Cranter (à l'aide de ciseaux, couper des crans du bord du tissu à la couture) et retourner. Rembourrer.
Faire de même avec la queue.

6 - Montage du doudou
Superposer endroit contre endroit les 2 parties du corps. Glisser et épingler les pattes, les oreilles et la queue entre les 2 épaisseurs de tissu (voir schéma ci-contre).
Coudre autour du corps (à 0,5 cm du bord) en laissant une ouverture sur le côté. Cranter les arrondis et retourner le corps sur l'endroit. Bourrer le doudou puis fermer à points glissés.

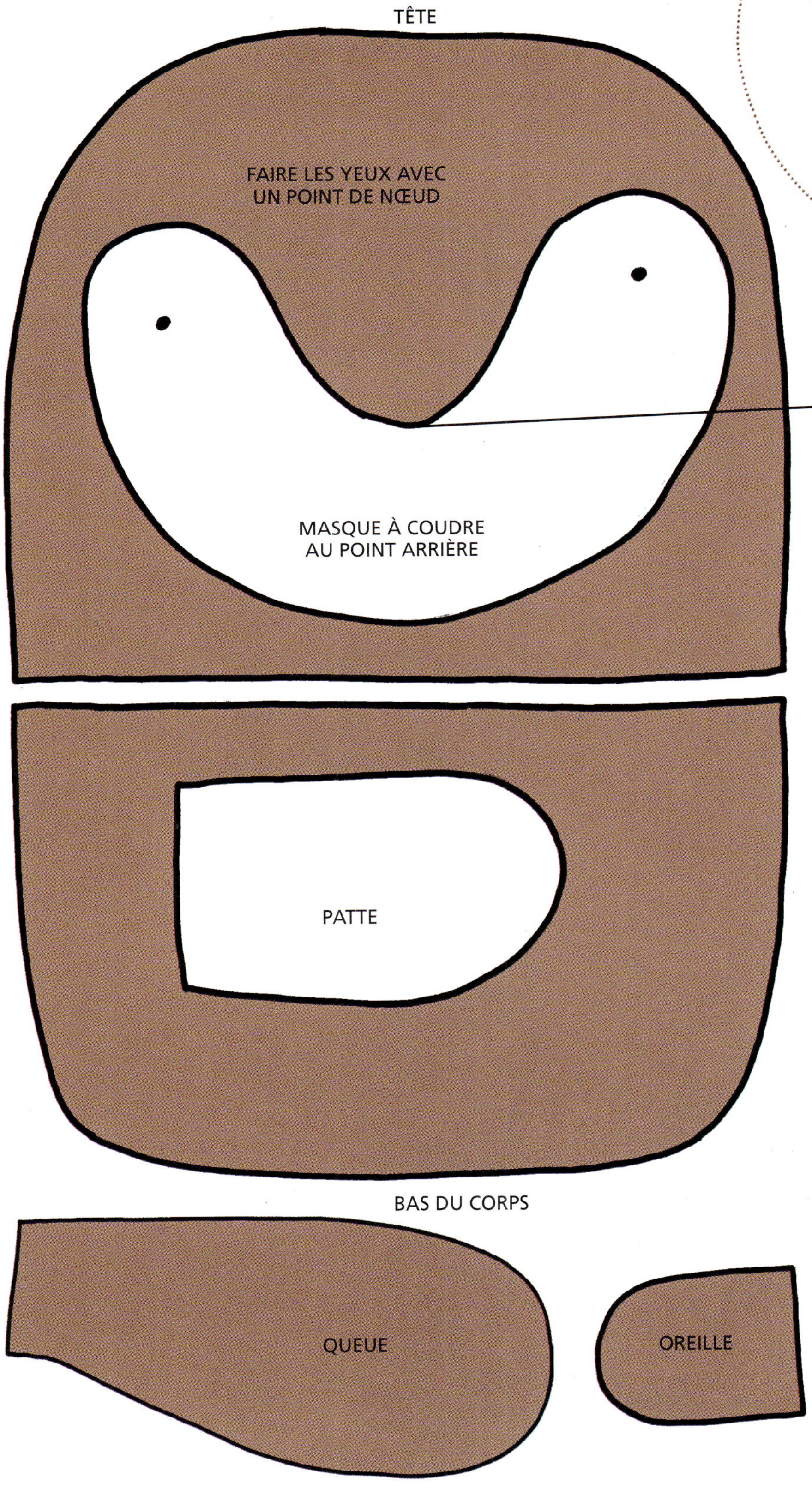
TÊTE
FAIRE LES YEUX AVEC
UN POINT DE NŒUD
EMPLACEMENT
DU POMPON
MASQUE À COUDRE
AU POINT ARRIÈRE
PATTE
BAS DU CORPS
QUEUE
OREILLE

HECTOR L'OURS BLANC

MALO L'AGNEAU

HECTOR L'OURS BLANC

Pour réaliser soi-même son doudou, il faut :

- un coupon de tissu fourrure blanche de 20 cm/14 cm pour la tête.
- un coupon de tissu imprimé de 13 cm/14 cm pour le corps.
- un coupon de tissu uni de 20 cm/26 cm pour le dos.
- un coupon de tissu de 25 cm/25 cm pour les pattes.
- un morceau de feutre ou feutrine de 8 cm/7 cm pour le museau et de la feutrine blanche pour les yeux.
- de la ouate, du fil à broder de différentes couleurs, du fil à coudre, du rembourrage, un pompon.
- une paire de ciseaux, une aiguille à coudre, une aiguille à broder.

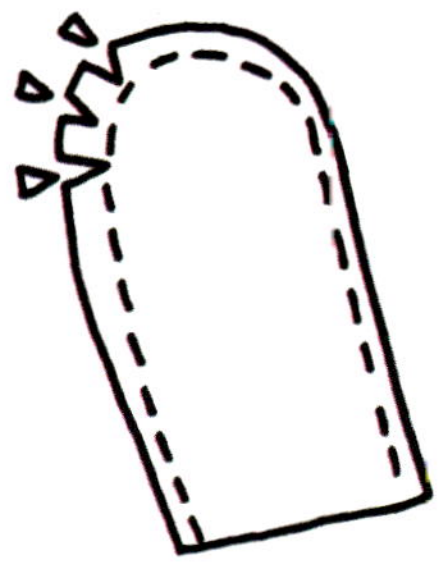

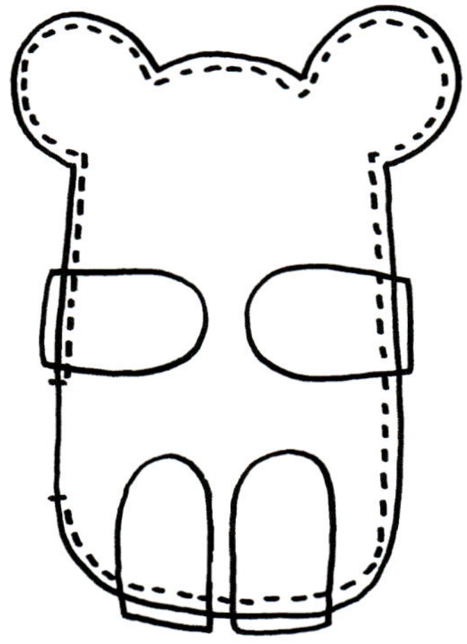

1 - Reproduire le patron sur une feuille de papier et découper les différentes pièces. Prévoir 0,5 cm supplémentaire pour les coutures.

2 - Reporter et découper la tête sur le tissu fourrure. Reporter et découper le bas du corps sur le tissu imprimé. Pour le dos, réunir les patrons de la tête et du bas du corps sur le tissu uni et découper.
Pour les pattes, plier le tissu en 2, endroit contre endroit. Reporter et découper la patte 4 fois.
Sur la feutrine, reporter et découper le museau 1 fois. Sur la feutrine blanche, reporter et découper les 2 yeux.

3 - Montage du devant
Coudre ensemble la tête et le bas du corps à 0,5 cm du bord, tissus endroit contre endroit.

4 - Montage des éléments
Coudre le museau au point arrière. Faire les yeux avec un point de nœud. Placer le pompon au bout du museau. Faire la bouche au point arrière.

5 - Réalisation des pattes
Superposer les 2 morceaux de tissu endroit contre endroit (voir schéma ci-contre).
Coudre à 0,5 cm du bord, laisser une ouverture.
Cranter (à l'aide de ciseaux, couper des crans du bord du tissu à la couture) et retourner. Rembourrer.

6 - Montage du doudou
Superposer endroit contre endroit les 2 parties du corps. Glisser et épingler les pattes entre les 2 épaisseurs de tissu.
Coudre autour du corps (à 0,5 cm du bord) en laissant une ouverture sur le côté. Cranter les arrondis et retourner le corps sur l'endroit. Bourrer le doudou (pour plus de rembourrage, utiliser des chutes du tissu) puis fermer à points glissés.

TÊTE
FAIRE LES YEUX AVEC
UN POINT DE NŒUD
EMPLACEMENT
DU POMPON
FAIRE LA
BOUCHE
AU POINT
ARRIÈRE
MUSEAU À COUDRE
AU POINT ARRIÈRE
PATTE
BAS DU CORPS

MALO L'AGNEAU

Pour réaliser soi-même son doudou, il faut :

- un coupon de tissu lainage de 24 cm/15 cm.
- un coupon de tissu lainage pour les oreilles de 18 cm/9 cm.
- un coupon de tissu uni pour les oreilles de 18 cm/9 cm.
- un coupon de tissu de 24 cm/15 cm pour le dos.
- un coupon de tissu de 25 cm/30 cm pour les pattes.
- un coupon de 30 cm/10 cm pour l'écharpe.
- un morceau de feutre ou feutrine de 9 cm/10 cm pour le museau et un morceau de feutrine pour la tache.
- de la ouate, du fil à broder de différentes couleurs, du fil à coudre, du rembourrage.
- une paire de ciseaux, une aiguille à coudre, une aiguille à broder.

1 - Reproduire le patron sur une feuille de papier et découper les différentes pièces. Prévoir 0,5 cm supplémentaire pour les coutures.

2 - Reporter et découper le corps sur le tissu lainage, et le dos sur le tissu uni.
Pour les pattes, plier le tissu en 2, endroit contre endroit. Reporter et découper la patte 4 fois.
Pour les oreilles, plier les tissus en 2, endroit contre endroit. Reporter et découper l'oreille 1 fois.
Sur les morceaux de feutrines, reporter et découper le museau et la tache 1 fois.

3 - Montage des éléments
Coudre le museau au point arrière. Placer la tache avec un point de nœud et faire l'autre œil au point de nœud. Faire la bouche au point arrière.

4 - Réalisation des pattes
Superposer les 2 morceaux de tissu endroit contre endroit.
Coudre à 0,5 cm du bord en laissant une ouverture.
Cranter (à l'aide de ciseaux, couper des crans du bord du tissu à la couture) et retourner. Rembourrer.

5 - Réalisation des oreilles
Superposer un morceau de lainage avec un morceau de tissu uni endroit contre endroit.
Coudre à 0,5 cm du bord, laisser une ouverture.
Cranter (à l'aide de ciseaux, couper des crans du bord du tissu à la couture) et retourner.

6 - Montage du doudou
Superposer les 2 parties du corps endroit contre endroit. Glisser et épingler les pattes et les oreilles, entre les 2 épaisseurs de tissu (voir schéma). Coudre autour du corps (à 0,5 cm du bord) en laissant une ouverture sur le côté. Cranter les arrondis et retourner le corps sur l'endroit. Bourrer le doudou puis fermer à points glissés. Nouer l'écharpe.

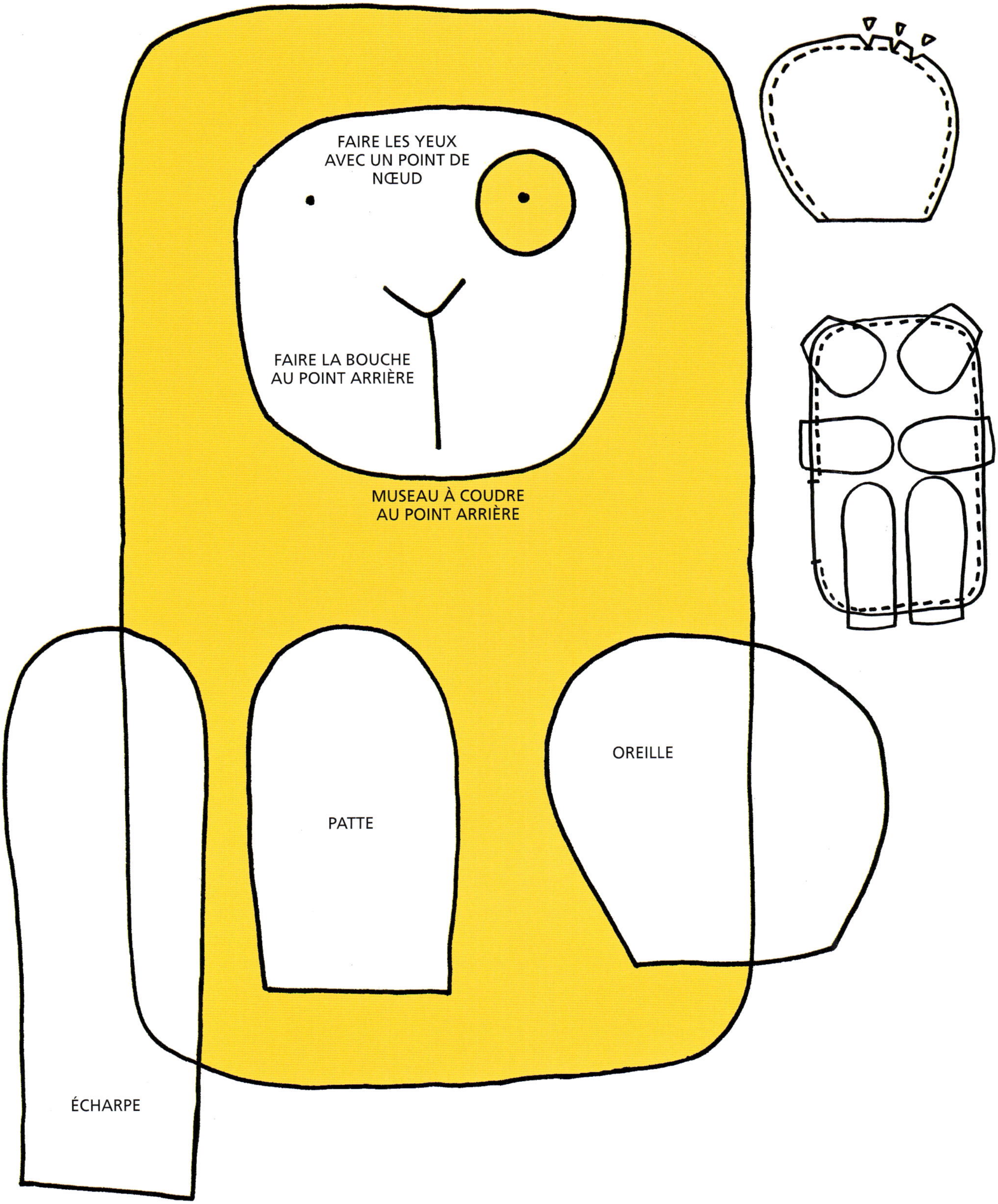
FAIRE LES YEUX
AVEC UN POINT DE
NŒUD
FAIRE LA BOUCHE
AU POINT ARRIÈRE
MUSEAU À COUDRE
AU POINT ARRIÈRE
PATTE
OREILLE
ÉCHARPE

MARCELIN LE KOALA

Clotaire le coucou

Marcelin le koala

Pour réaliser soi-même son doudou, il faut :

- un coupon de tissu de 15 cm/15 cm pour la tête.
- un coupon de tissu imprimé de 15 cm/15 cm pour le corps.
- un coupon de tissu uni de 15 cm/30 cm pour le dos.
- un coupon de tissu de 25 cm/25 cm pour les pattes.
- un coupon de tissu lainage de 18 cm/18 cm pour les oreilles.
- un morceau de feutre ou feutrine de 4 cm/4 cm pour le museau et un morceau de feutrine de 15 cm/12 cm pour les taches.
- de la ouate, du fil à broder de différentes couleurs, du fil à coudre, du rembourrage, un pompon.
- une paire de ciseaux, une aiguille à coudre, une aiguille à broder.

1 - Reproduire le patron sur une feuille de papier et découper les différentes pièces. Prévoir 0,5 cm supplémentaire pour les coutures.

2 - Reporter et découper la tête sur le tissu choisi. Reporter et découper le bas du corps sur le tissu imprimé. Pour le dos, réunir les patrons de la tête et du bas du corps sur le tissu uni et découper.
Pour les pattes, plier le tissu en 2, endroit contre endroit. Reporter et découper la patte 4 fois.
Pour les oreilles, plier le tissu en 2, endroit contre endroit. Reporter et découper l'oreille 2 fois.
Sur les feutrines, reporter et découper le museau 1 fois et les 2 taches.

3 - Montage du devant
Coudre ensemble la tête et le bas du corps à 0,5 cm du bord, tissus endroit contre endroit.

4 - Montage des éléments
Coudre le museau et les taches au point arrière. Faire les yeux avec un point de nœud. Faire la bouche au point arrière et coudre le pompon au bout du museau.

5 - Réalisation des pattes et des oreilles
Superposer les 2 morceaux de tissu endroit contre endroit.
Coudre à 0,5 cm du bord en laissant une ouverture.
Cranter (à l'aide de ciseaux, couper des crans du bord du tissu à la couture) et retourner. Rembourrer.
Faire de même avec les oreilles.

6 - Montage du doudou
Superposer endroit contre endroit les 2 parties du corps. Glisser et épingler les pattes et les oreilles entre les 2 épaisseurs de tissu (voir schéma). Coudre autour du corps (à 0,5 cm du bord) en laissant une ouverture sur le côté. Cranter les arrondis et retourner le corps sur l'endroit. Bourrer le doudou puis fermer à points glissés.

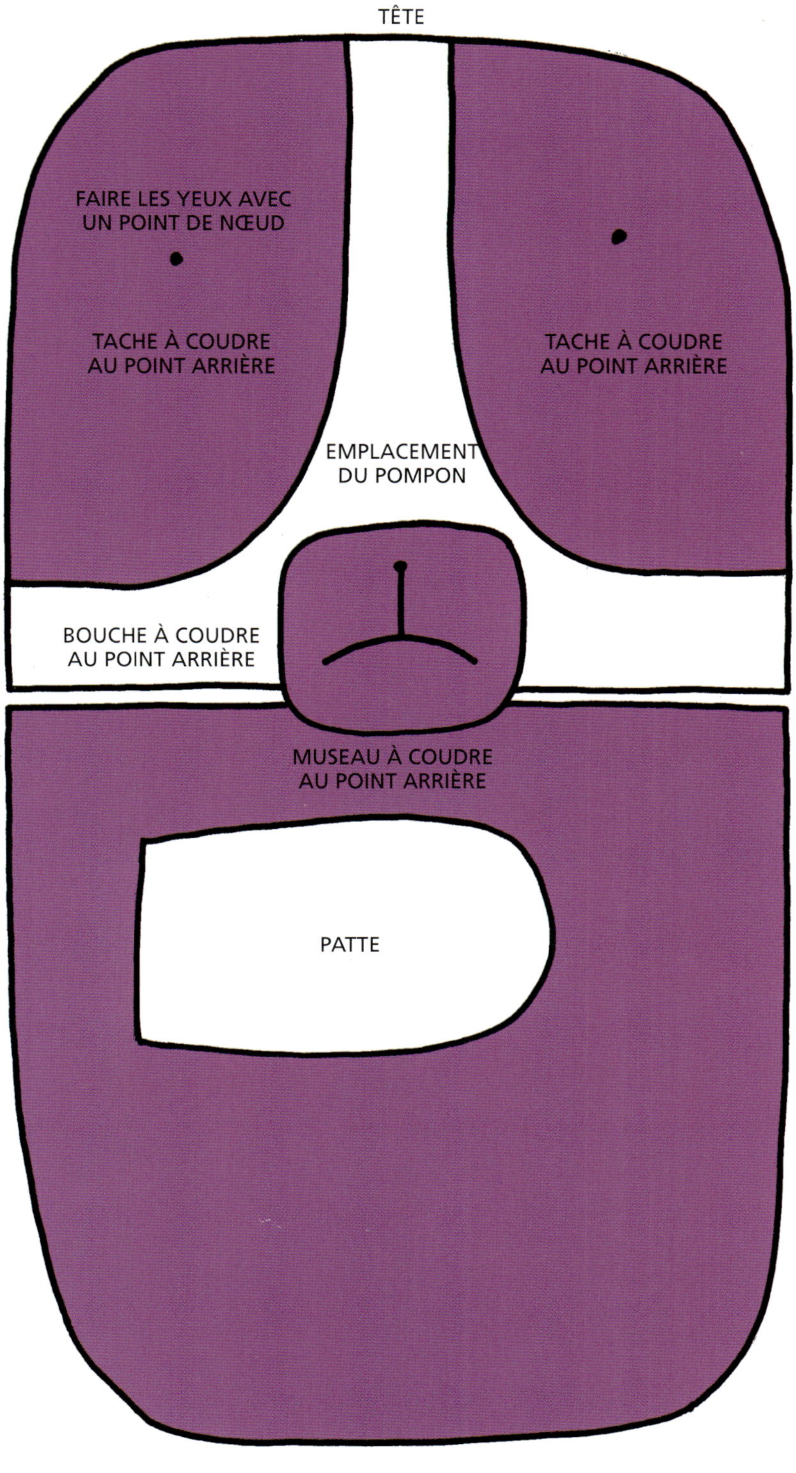
TÊTE
FAIRE LES YEUX AVEC
UN POINT DE NŒUD
TACHE À COUDRE
AU POINT ARRIÈRE
TACHE À COUDRE
AU POINT ARRIÈRE
EMPLACEMENT
DU POMPON
BOUCHE À COUDRE
AU POINT ARRIÈRE
MUSEAU À COUDRE
AU POINT ARRIÈRE
PATTE
BAS DU CORPS

OREILLE

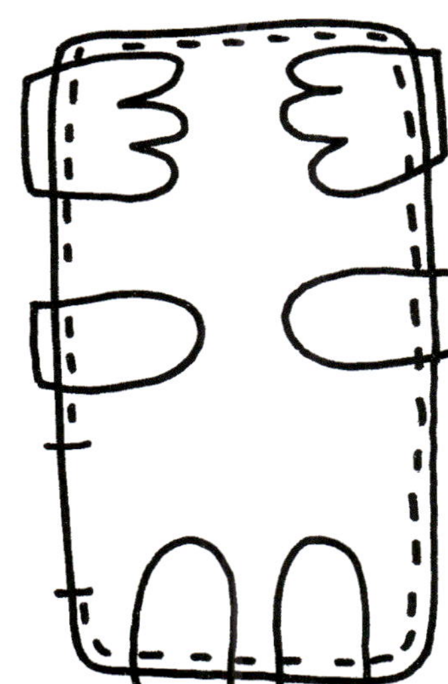

CLOTAIRE LE COUCOU

Pour réaliser soi-même son doudou, il faut :

- un coupon de tissu de 24 cm/14 cm pour la tête.
- un coupon de tissu imprimé de 26 cm/18 cm pour le corps.
- un coupon de tissu de 20 cm/8 cm pour les ailes.
- un coupon de tissu de 16 cm/8 cm pour les pattes.
- un coupon de tissu de 30 cm/10 cm pour l'écharpe.
- un morceau de feutre ou feutrine de 6 cm/16 cm pour le bec et un morceau de feutrine blanche de 14 cm/7 cm pour les yeux.
- de la ouate, du fil à broder de différentes couleurs, du fil à coudre, du rembourrage.
- une paire de ciseaux, une aiguille à coudre, une aiguille à broder.

1 - Reproduire le patron sur une feuille de papier et découper les différentes pièces. Prévoir 0,5 cm supplémentaire pour les coutures.

2 - Pour la tête, le corps, les ailes et les pattes, plier les tissus en 2, endroit contre endroit. Reporter et découper la tête 1 fois, le corps 1 fois, l'aile 2 fois et la patte 2 fois.
Sur la feutrine, reporter et découper 2 fois le bec. Sur la feutrine blanche, reporter et découper les yeux.

3 - Montage du devant
Coudre ensemble la tête et le bas du corps à 0,5 cm du bord, tissus endroit contre endroit.

4 - Montage des éléments
Coudre au point arrière le contour de yeux. Faire un point de nœud au centre.

5 - Réalisation des pattes et des ailes
Superposer les 2 morceaux de tissu endroit contre endroit.
Coudre à 0,5 cm du bord en laissant une ouverture.
Cranter (à l'aide de ciseaux, couper des crans du bord du tissu à la couture) et retourner. Rembourrer.

6 - Montage du bec
Superposer les 2 morceaux de feutrine.
Coudre au point levé tout autour (voir schéma ci-dessus). Rembourrer légèrement le bec.

7 - Montage du doudou
Superposer endroit contre endroit les 2 parties du corps. Glisser et épingler les pattes et le bec entre les 2 épaisseurs de tissu (voir schéma).
Coudre autour du corps (à 0,5 cm du bord) en laissant une ouverture sur le côté. Cranter les arrondis et retourner le corps sur l'endroit. Bourrer le doudou puis fermer à points glissés. Coudre les ailes de chaque côté et nouer l'écharpe.

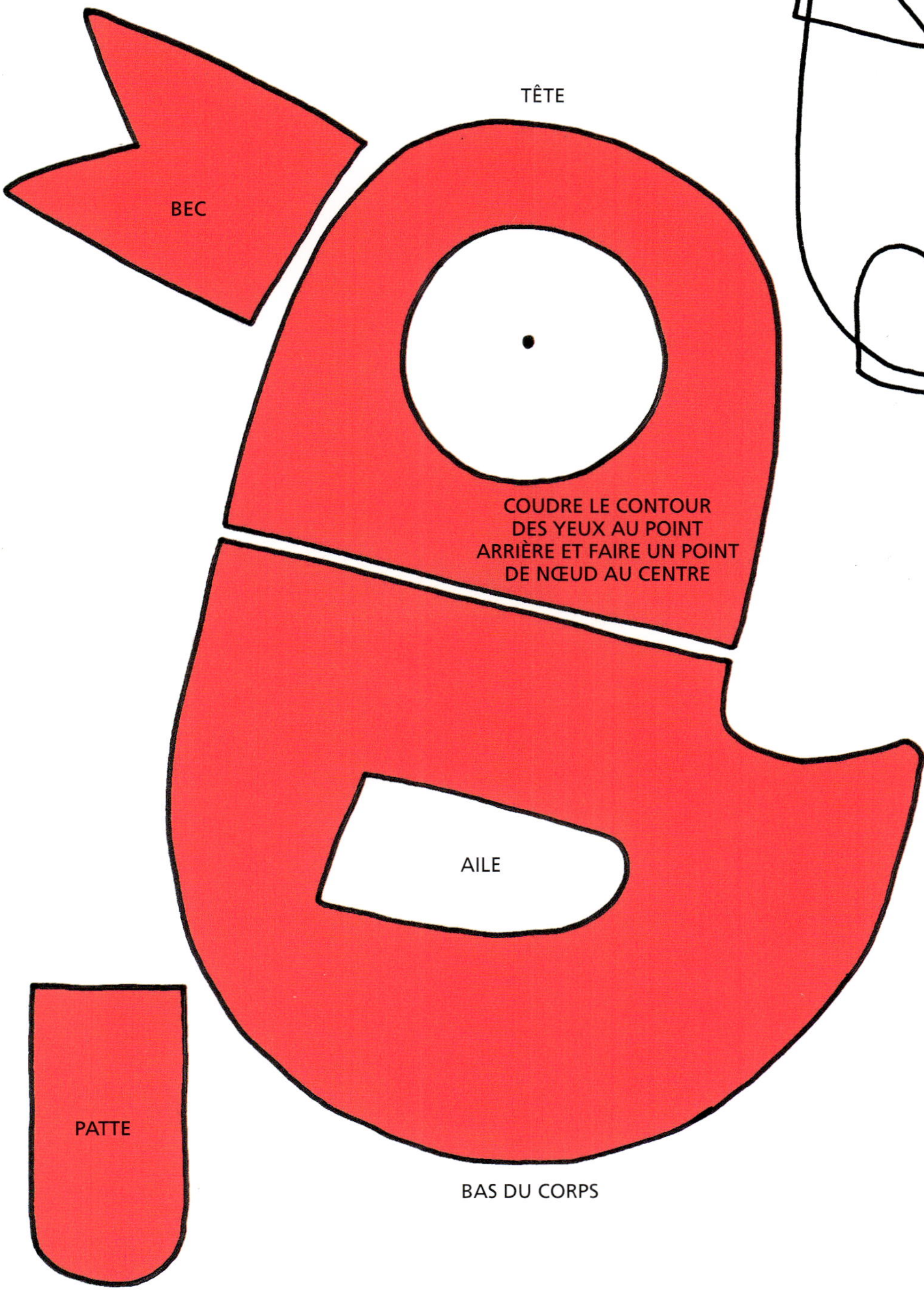
TÊTE
BEC
COUDRE LE CONTOUR
DES YEUX AU POINT
ARRIÈRE ET FAIRE UN POINT
DE NŒUD AU CENTRE
AILE
PATTE
BAS DU CORPS

ZÉPHIR L'OURS

HUBERT LE HIBOU

ZÉPHIR L'OURS

Pour réaliser soi-même son doudou, il faut :

- un coupon de tissu de 15 cm/15 cm pour la tête.
- un coupon de tissu imprimé de 15 cm/12 cm pour le corps.
- un coupon de tissu uni de 15 cm/27 cm pour le dos.
- un coupon de tissu de 25 cm/25 cm pour les pattes.

- un morceau de feutre ou feutrine de 9 cm/9 cm pour le museau et un morceau de feutrine de 10 cm/6 cm pour les oreilles.
- de la ouate, du fil à broder de différentes couleurs, du fil à coudre, du rembourrage, un pompon.
- une paire de ciseaux, une aiguille à coudre, une aiguille à broder.

1 - Reproduire le patron sur une feuille de papier et découper les différentes pièces. Prévoir 0,5 cm supplémentaire pour les coutures.

2 - Reporter et découper la tête sur le tissu choisi. Faire de même pour le bas du corps sur le tissu imprimé. Pour le dos, réunir les patrons de la tête et du bas du corps sur le tissu uni et découper.
Pour les pattes, plier le tissu en 2, endroit contre endroit. Reporter et découper la patte 4 fois.
Sur les feutrines, reporter et découper le museau 1 fois et l'oreille 2 fois.

3 - Montage du devant
Coudre ensemble la tête et le bas du corps à 0,5 cm du bord, tissus endroit contre endroit.

4 - Montage des éléments
Coudre le museau au point arrière. Faire les yeux au point arrière. Coudre le pompon.

5 - Réalisation des pattes
Superposer les 2 morceaux de tissu endroit contre endroit.
Coudre à 0,5 cm du bord en laissant une ouverture.
Cranter (à l'aide de ciseaux, couper des crans du bord du tissu à la couture) et retourner. Rembourrer.

6 - Montage du doudou
Superposer endroit contre endroit les 2 parties du corps. Glisser et épingler les pattes et les oreilles entre les 2 épaisseurs de tissu (voir schéma).
Coudre autour du corps (à 0,5 cm du bord) en laissant une ouverture sur le côté. Cranter les arrondis et retourner le corps sur l'endroit. Bourrer le doudou puis fermer à points glissés.

TÊTE

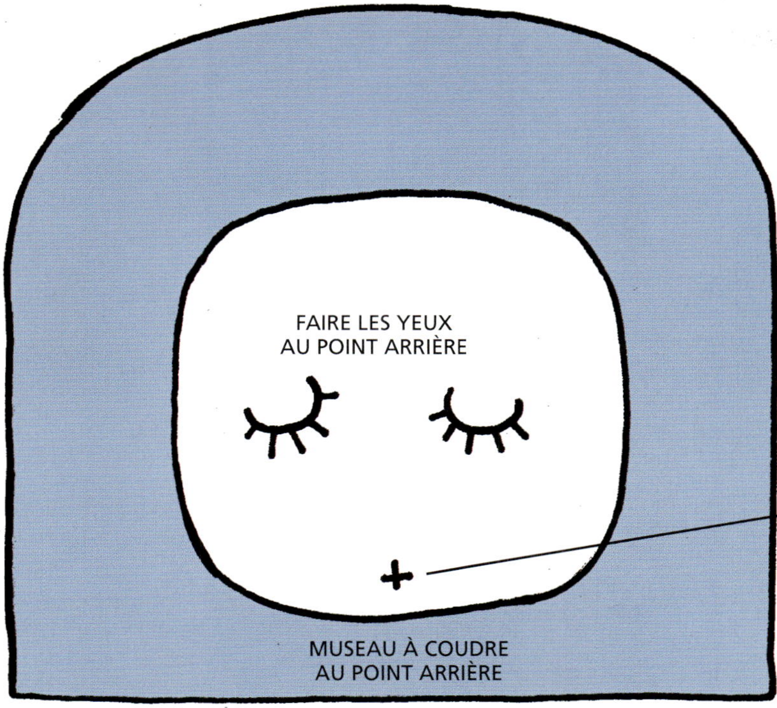

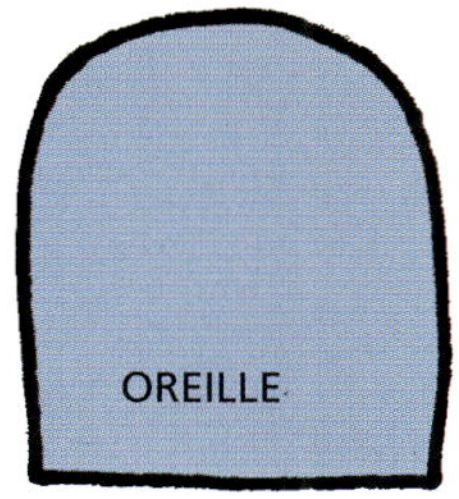

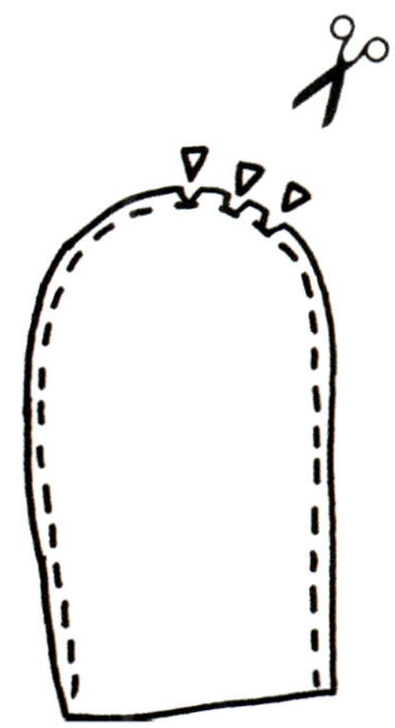

BAS DU CORPS

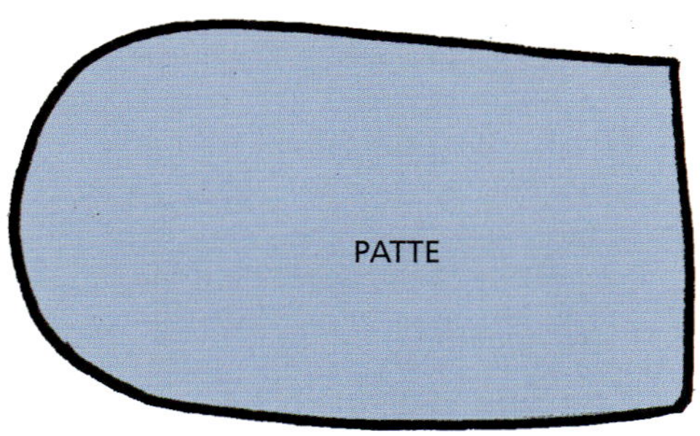

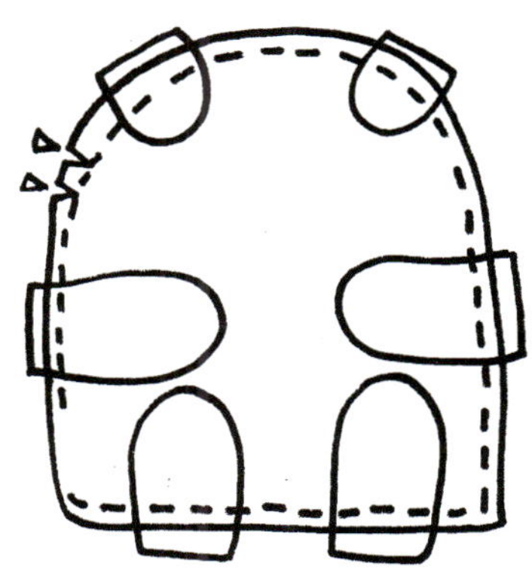

HUBERT LE HIBOU

Pour réaliser soi-même son doudou, il faut :

- un coupon de tissu de 17 cm/15 cm pour la tête.
- un coupon de tissu imprimé de 15 cm/14 cm pour le corps.
- un coupon de tissu uni de 15 cm/29 cm pour le dos.
- un coupon de tissu de 12 cm/12 cm pour les ailes.
- un coupon de 30 cm/10 cm pour l'écharpe.
- un morceau de feutre ou feutrine de 14 cm/7 cm pour les grands yeux, de la feutrine blanche pour les petits yeux, un morceau de feutrine de 20 cm/16 cm pour le bec et les pattes.
- de la ouate, du fil à broder de différentes couleurs, du fil à coudre, du rembourrage.
- une paire de ciseaux, une aiguille à coudre, une aiguille à broder.

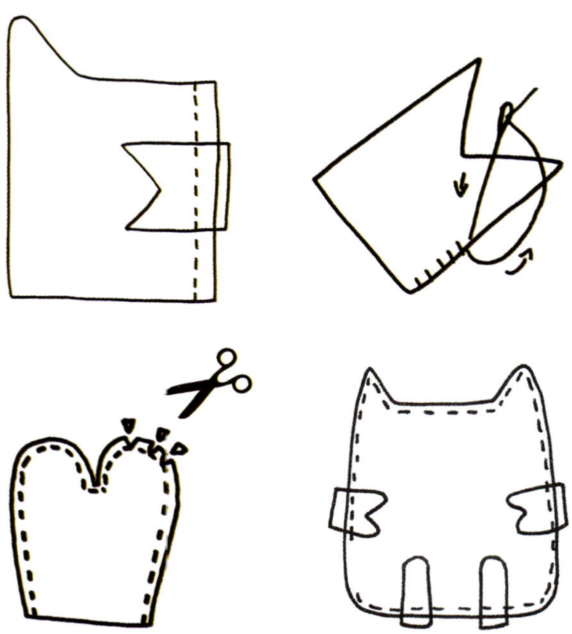

1 - Reproduire le patron sur une feuille de papier et découper les différentes pièces. Prévoir 0,5 cm supplémentaire pour les coutures.

2 - Reporter et découper les 2 parties de la tête sur le tissu choisi et le bas du corps sur le tissu imprimé. Pour le dos, réunir les patrons de la tête et du bas du corps sur le tissu uni et découper. Pour les ailes, plier le tissu en 2, endroit contre endroit. Reporter et découper l'aile 2 fois.
Sur les feutrines, reporter et découper 2 fois le bec, les 2 pattes, les 2 grands yeux et les 2 petits yeux.

3 – Montage du bec
Superposer les 2 morceaux de feutrine. Coudre au point levé tout autour (voir schéma ci-contre). Rembourrer légèrement le bec.

4- Montage du devant
Superposer les 2 parties de la tête, tissus endroit contre endroit. Glisser le bec et coudre à 0,5 cm du bord. Coudre ensemble la tête et le bas du corps à 0,5 cm du bord, tissus endroit contre endroit.

5 - Montage des éléments
Coudre au point lancé les grands yeux. Placer les petits yeux avec un point de nœud.

6 - Réalisation des ailes
Superposer les 2 morceaux de tissu endroit contre endroit.
Coudre à 0,5 cm du bord en laissant une ouverture.
Cranter (à l'aide de ciseaux, couper des crans du bord du tissu à la couture) et retourner. Rembourrer.

7 - Montage du doudou
Superposer les 2 parties du corps, endroit contre endroit. Glisser et épingler les pattes et les ailes entre les 2 épaisseurs de tissu (voir schéma). Coudre autour du corps (à 0,5 cm du bord) en laissant une ouverture sur le côté. Cranter les arrondis et retourner le corps sur l'endroit. Bourrer le doudou puis fermer à points glissés. Nouer l'écharpe.

TÊTE
FAIRE DES GRANDS POINTS AU
FIL À COUDRE BLANC TOUT
AUTOUR DES YEUX
POINT
DE NŒUD
EMPLACEMENT
DU BEC
BEC
BAS DU CORPS
AILE
PATTE

FORTUNÉE LA CHOUETTE

HONORÉ LE PUTOIS

FORTUNÉE LA CHOUETTE

Pour réaliser soi-même son doudou, il faut :

- un coupon de tissu de 15 cm/15 cm pour la tête.
- un coupon de tissu imprimé de 15 cm/12 cm pour le corps.
- un coupon de tissu uni de 15 cm/27 cm pour le dos.
- un coupon de tissu de 25 cm/25 cm pour les pattes.
- un coupon de tissu fourrure de 15 cm/15 cm pour les oreilles.
- un morceau de feutre ou feutrine de 10 cm/7 cm pour le masque et de l feutrine blanche pour les yeux.
- de la ouate, du fil à broder de différentes couleurs, du fil à coudre, du rembourrage, un pompon.
- une paire de ciseaux, une aiguille à coudre, une aiguille à broder.

1 - Reproduire le patron sur une feuille de papier et découper les différentes pièces. Prévoir 0,5 cm supplémentaire pour les coutures.

2 - Reporter et découper la tête sur le tissu choisi et le bas du corps sur le tissu imprimé. Pour le dos, réunir les patrons de la tête et du bas du corps sur le tissu uni et découper.
Pour les pattes, plier le tissu en 2, endroit contre endroit. Reporter et découper la patte 4 fois.
Pour les oreilles, plier le tissu en 2, endroit contre endroit. Reporter et découper l'oreille 2 fois.
Sur la feutrine, reporter et découper 1 fois le masque. Sur la feutrine blanche, reporter et découper 2 fois les yeux.

3 - Montage du devant
Coudre ensemble la tête et le bas du corps à 0,5 cm du bord, tissus endroit contre endroit.

4 - Montage des éléments
Coudre le masque au point arrière. Faire les yeux avec un point de nœud et placer le pompon au bout du museau.

5 - Réalisation des pattes et des oreilles
Superposer les 2 morceaux de tissu endroit contre endroit.
Coudre à 0,5 cm du bord en laissant une ouverture.
Cranter (à l'aide de ciseaux, couper des crans du bord du tissu à la couture) et retourner. Rembourrer.
Faire de même avec les oreilles (voir schéma).

6 - Montage du doudou
Superposer endroit contre endroit les 2 parties du corps. Glisser et épingler les pattes et les oreilles entre les 2 épaisseurs de tissu (voir schéma). Coudre autour du corps (à 0,5 cm du bord) en laissant une ouverture sur le côté. Cranter les arrondis et retourner le corps sur l'endroit. Bourrer le doudou puis fermer à points glissés.

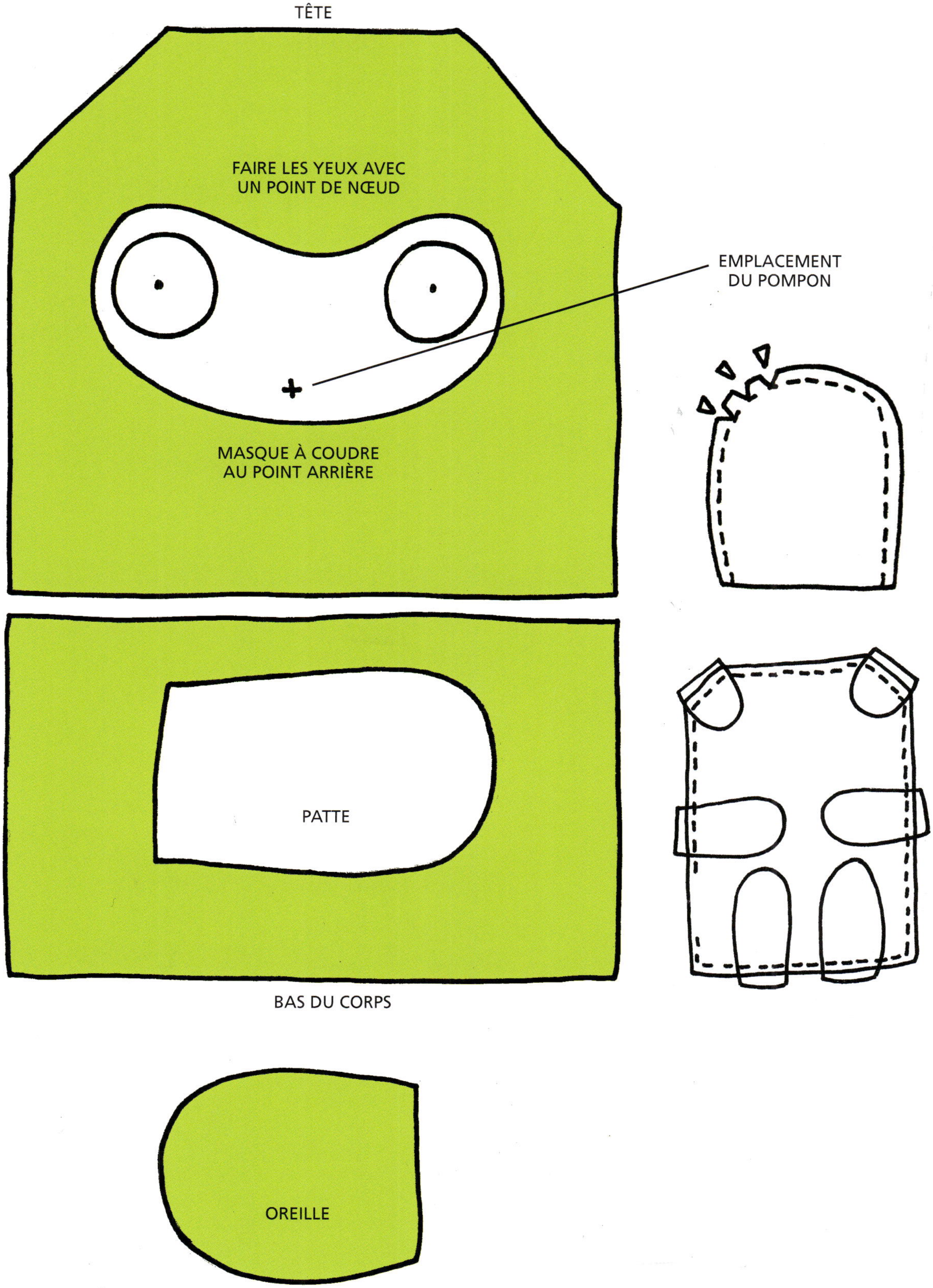
TÊTE
FAIRE LES YEUX AVEC
UN POINT DE NŒUD
EMPLACEMENT
DU POMPON
MASQUE À COUDRE
AU POINT ARRIÈRE
PATTE
BAS DU CORPS
OREILLE

HONORÉ LE PUTOIS

Pour réaliser soi-même son doudou, il faut:

- un coupon de tissu de 19 cm/14 cm pour la tête.
- un coupon de tissu imprimé de 19 cm/14 cm pour le corps.
- un coupon de tissu uni de 19 cm/28 cm pour le dos.
- un coupon de tissu de 25 cm/25 cm pour les pattes.
- un morceau de feutre ou feutrine de 8 cm/9 cm pour le masque, un morceau de feutrine de 9 cm/4 cm pour le museau et un morceau de feutrine de 4 cm/8 cm pour les oreilles.
- de la ouate, du fil à broder de différentes couleurs, du fil à coudre, du rembourrage, un pompon, un bouton.
- une paire de ciseaux, une aiguille à coudre, une aiguille à broder.

1 - Reproduire le patron sur une feuille de papier et découper les différentes pièces. Prévoir 0,5 cm supplémentaire pour les coutures.

2 - Reporter et découper la tête sur le tissu choisi et le bas du corps sur le tissu imprimé. Pour le dos, réunir les patrons de la tête et du bas du corps sur le tissu uni et découper.
Pour les pattes, plier le tissu en 2, endroit contre endroit. Reporter et découper la patte 4 fois.
Sur la feutrine, reporter et découper le masque et le museau 1 fois et l'oreille 2 fois.

3 - Montage du devant
Coudre ensemble la tête et le bas du corps à 0,5 cm du bord, tissus endroit contre endroit.

4 - Montage des éléments
Coudre le masque au point arrière puis placer au dessus le museau (coudre au point arrière). Faire les yeux avec un point de nœud et coudre le pompon au bout du museau et le bouton.

5 - Broderie
Reporter les motifs sur le tissu du corps. Broder au point de nœud.

6 - Réalisation des pattes
Superposer les 2 morceaux de tissu endroit contre endroit.
Coudre à 0,5 cm du bord en laissant une ouverture.
Cranter (à l'aide de ciseaux, couper des crans du bord du tissu à la couture) et retourner. Rembourrer.

7 - Montage du doudou
Superposer endroit contre endroit les 2 parties du corps. Glisser et épingler les pattes et les oreilles entre les 2 épaisseurs de tissu (voir schéma). Coudre autour du corps (à 0,5 cm du bord) en laissant une ouverture sur le côté. Cranter les arrondis et retourner le corps sur l'endroit. Bourrer le doudou puis fermer à points glissés.

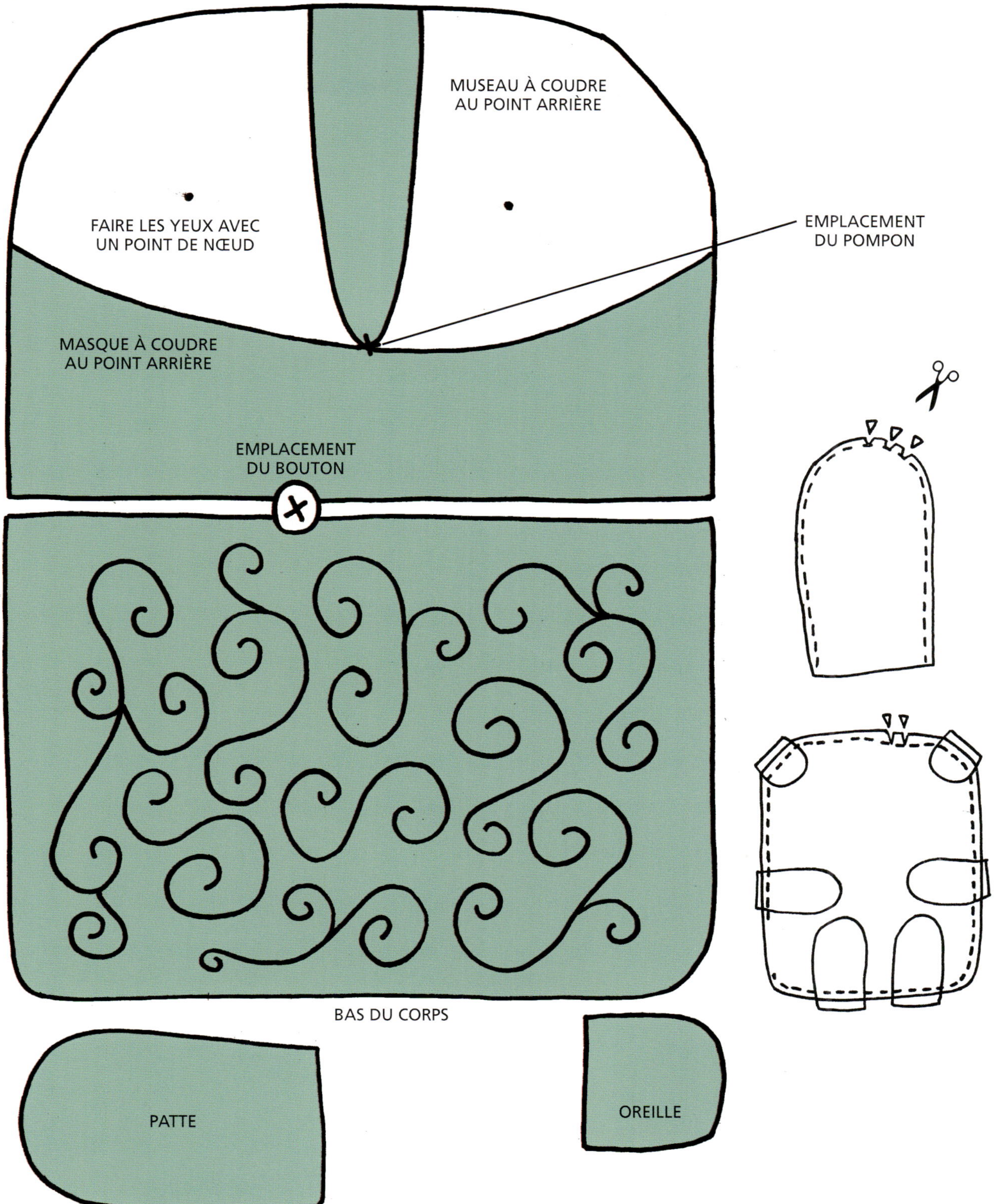
MUSEAU À COUDRE
AU POINT ARRIÈRE
FAIRE LES YEUX AVEC
UN POINT DE NŒUD
EMPLACEMENT
DU POMPON
MASQUE À COUDRE
AU POINT ARRIÈRE
EMPLACEMENT
DU BOUTON
BAS DU CORPS
PATTE
OREILLE

Anicet le porcelet

Ernestine la truie

Anicet le porcelet

Pour réaliser soi-même son doudou, il faut :

- un coupon de tissu de 11 cm/7 cm pour la tête.
- un coupon de tissu imprimé de 11 cm/9 cm pour le corps.
- un coupon de tissu uni de 11 cm/16 cm pour le dos.
- un coupon de tissu de 18 cm/18 cm pour les oreilles.
- un morceau de feutre ou feutrine de 4 cm/5 cm pour le museau et un morceau de feutrine de 10 cm/10 cm pour les pattes.
- de la ouate, du fil à broder de différentes couleurs, du fil à coudre, du rembourrage.
- une paire de ciseaux, une aiguille à coudre, une aiguille à broder.

1 - Reproduire le patron sur une feuille de papier et découper les différentes pièces. Prévoir 0,5 cm supplémentaire pour les coutures.

2 - Reporter et découper la tête sur le tissu choisi et le bas du corps sur le tissu imprimé. Pour le dos, réunir les patrons de la tête et du bas du corps sur le tissu uni et découper.
Pour les oreilles, plier le tissu en 2, endroit contre endroit. Reporter et découper l'oreille 2 fois. Sur les feutrines, reporter et découper le museau 1 fois et la patte 4 fois.

3 - Montage du devant
Coudre ensemble la tête et le bas du corps à 0,5 cm du bord, tissus endroit contre endroit.

4 - Montage des éléments
Coudre le museau au point arrière. Faire les yeux au point de nœud. Coudre 2 points de nœud sur le museau.

5 - Réalisation des oreilles
Superposer les 2 morceaux de tissu endroit contre endroit.
Coudre à 0,5 cm du bord en laissant une ouverture.
Cranter (à l'aide de ciseaux, couper des crans du bord du tissu à la couture) et retourner. Rembourrer.

6 - Montage du doudou
Superposer les 2 parties du corps endroit contre endroit. Glisser et épingler les pattes et les oreilles, pliées en 2, entre les 2 épaisseurs de tissu (voir schéma).
Coudre autour du corps (à 0,5 cm du bord) en laissant une ouverture sur le côté. Cranter les arrondis et retourner le corps sur l'endroit. Bourrer le doudou puis fermer à points glissés.

TÊTE

FAIRE LES YEUX AVEC
UN POINT DE NŒUD
FAIRE 2 POINTS
DE NŒUD
SUR LE MUSEAU
MUSEAU À COUDRE
AU POINT ARRIÈRE

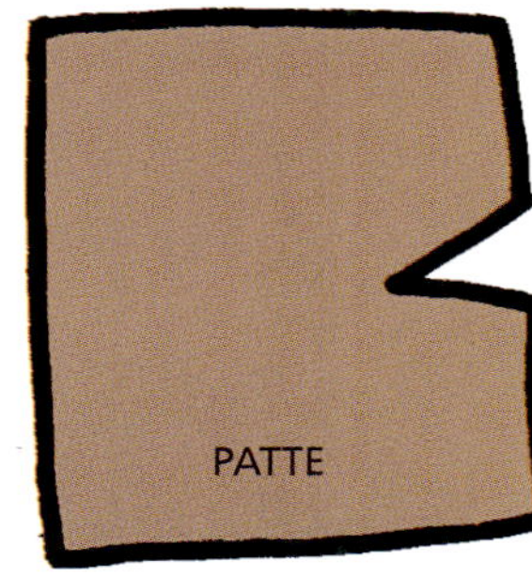
PATTE

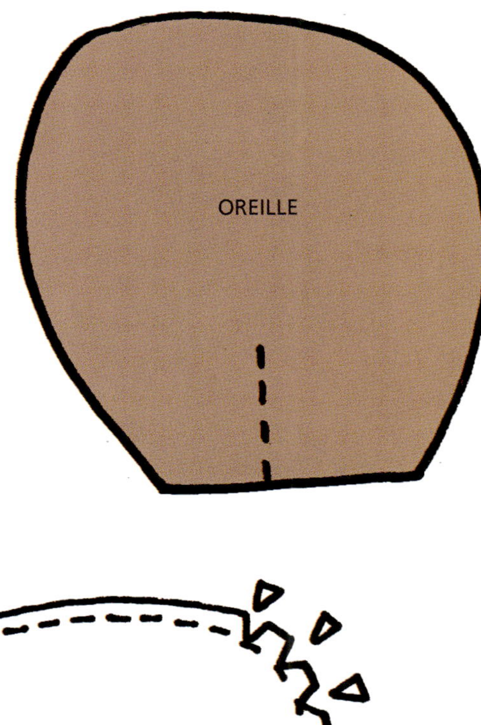
OREILLE

Ernestine la truie

Pour réaliser soi-même son doudou, il faut :

- un coupon de tissu de 19 cm/8 cm pour la tête.
- un coupon de tissu imprimé de 19 cm/14 cm pour le corps.
- un coupon de tissu uni de 19 cm/22 cm pour le dos.
- un coupon de tissu de 18 cm/18 cm pour les oreilles.

- un morceau de feutre ou feutrine de 6 cm/8 cm pour le museau et un morceau de feutrine de 10 cm/10 cm pour les pattes.
- de la ouate, du fil à broder de différentes couleurs, du fil à coudre, du rembourrage.
- une paire de ciseaux, une aiguille à coudre, une aiguille à broder.

1 - Reproduire le patron sur une feuille de papier et découper les différentes pièces. Prévoir 0,5 cm supplémentaire pour les coutures.

2 - Reporter et découper la tête sur le tissu choisi et le bas du corps sur le tissu imprimé. Pour le dos, réunir les patrons de la tête et du bas du corps sur le tissu uni et découper.
Pour les oreilles, plier le tissu en 2, endroit contre endroit. Reporter et découper l'oreille 2 fois. Sur les feutrines, reporter et découper le museau 1 fois et la patte 4 fois.

3 - Montage du devant
Coudre ensemble la tête et le bas du corps à 0,5 cm du bord, tissus endroit contre endroit.

4 - Montage des éléments
Coudre le museau au point arrière. Faire les yeux au point arrière. Coudre 2 points de nœud sur le museau.

5 - Réalisation des oreilles
Superposer les 2 morceaux de tissu endroit contre endroit.
Coudre à 0,5 cm du bord en laissant une ouverture.
Cranter (à l'aide de ciseaux, couper des crans du bord du tissu à la couture) et retourner. Rembourrer.

6 - Montage du doudou
Superposer les 2 parties du corps endroit contre endroit. Glisser et épingler les pattes et les oreilles entre les 2 épaisseurs de tissu (voir schéma). Coudre autour du corps (à 0,5 cm du bord) en laissant une ouverture sur le côté. Cranter les arrondis et retourner le corps sur l'endroit. Bourrer le doudou puis fermer à points glissés.

TÊTE

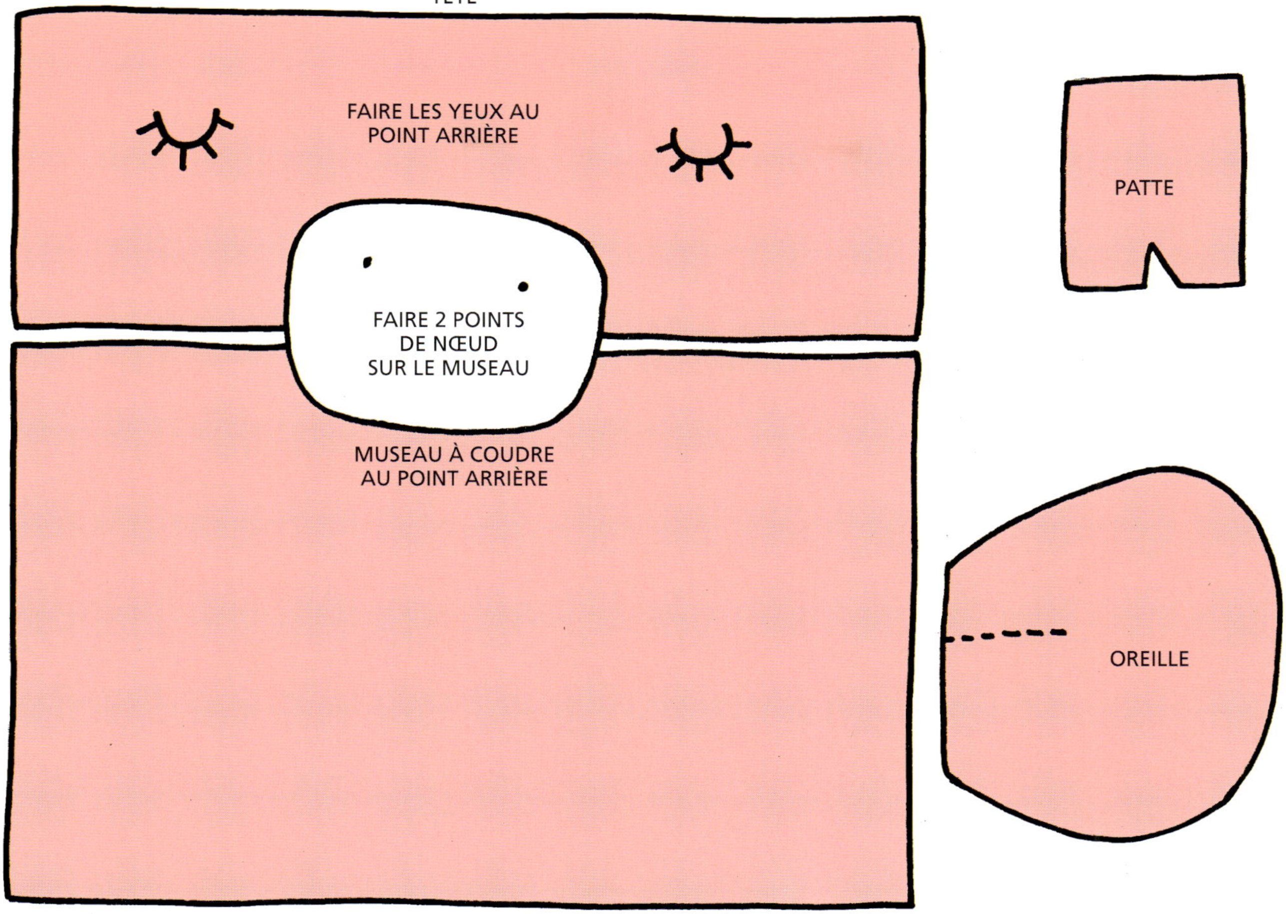

BAS DU CORPS

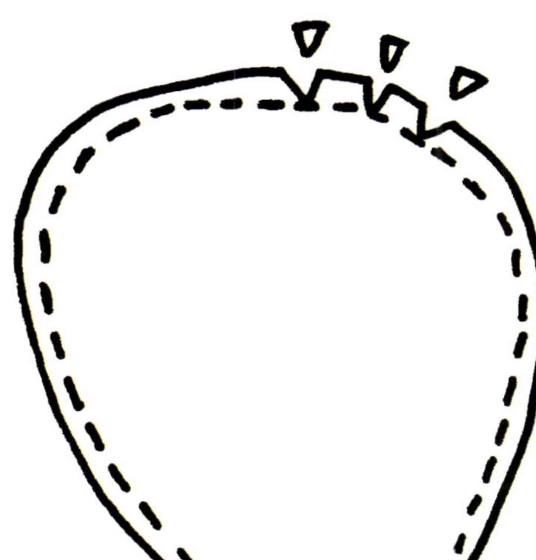

PROSPER LE BOULEDOGUE

Nicolas le koala

Prosper le Bouledogue

Pour réaliser soi-même son doudou, il faut :

- un coupon de tissu de 15 cm/15 cm pour la tête.
- un coupon de tissu imprimé de 15 cm/12 cm pour le corps.
- un coupon de tissu uni de 15 cm/27 cm pour le dos.
- un coupon de tissu de 25 cm/25 cm pour les pattes.
- un coupon de 30 cm/10 cm pour l'écharpe.
- un morceau de feutre ou feutrine de 7 cm/8 cm pour le museau et un morceau de feutrine de 10 cm/8 cm pour les oreilles et un petit morceau de feutrine blanche pour les yeux.
- de la ouate, du fil à broder de différentes couleurs, du fil à coudre, du rembourrage, un pompon.
- une paire de ciseaux, une aiguille à coudre, une aiguille à broder.

1 - Reproduire le patron sur une feuille de papier et découper les différentes pièces. Prévoir 0,5 cm supplémentaire pour les coutures.

2 - Reporter et découper la tête sur le tissu choisi et le bas du corps sur le tissu imprimé. Pour le dos, réunir les patrons de la tête et du bas du corps sur le tissu uni et découper.
Pour les pattes, plier le tissu en 2, endroit contre endroit. Reporter et découper la patte 4 fois.
Sur les feutrines, reporter et découper le museau 1 fois, l'oreille 2 fois et les 2 yeux.

3 - Montage du devant
Coudre ensemble la tête et le bas du corps à 0,5 cm du bord, tissus endroit contre endroit.

4 - Montage des éléments
Coudre le museau au point arrière. Faire la bouche au point arrière. Placer les yeux avec un point de nœud et coudre le pompon.

5 - Réalisation des pattes
Superposer les 2 morceaux de tissu endroit contre endroit.
Coudre à 0,5 cm du bord en laissant une ouverture.
Cranter (à l'aide de ciseaux, couper des crans du bord du tissu à la couture) et retourner. Rembourrer.

6 - Montage du doudou
Superposer les 2 parties du corps endroit contre endroit. Glisser et épingler les pattes et les oreilles entre les 2 épaisseurs de tissu (voir schéma). Coudre autour du corps (à 0,5 cm du bord) en laissant une ouverture sur le côté. Cranter les arrondis et retourner le corps sur l'endroit. Bourrer le doudou puis fermer à points glissés. Nouer l'écharpe.

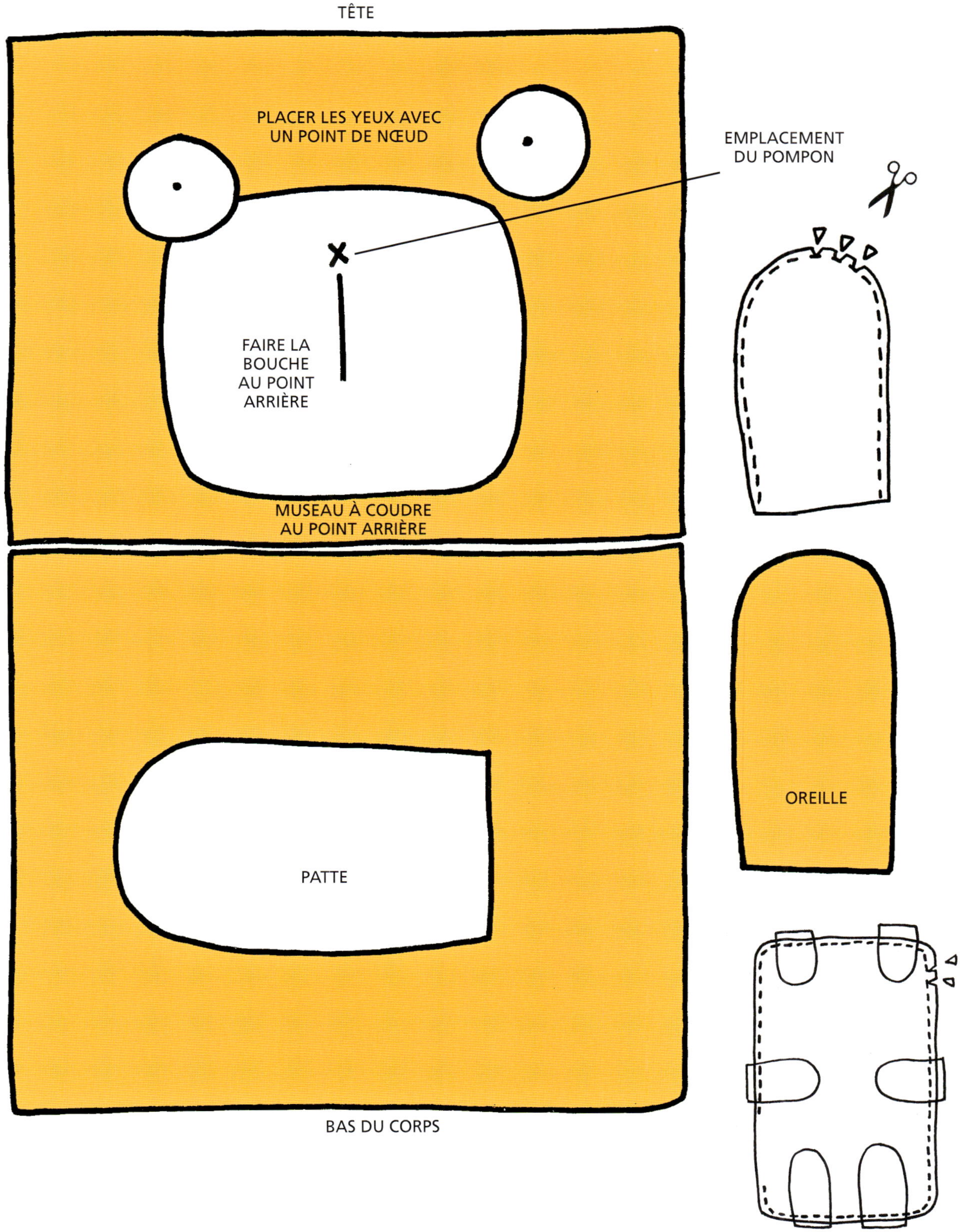
TÊTE
PLACER LES YEUX AVEC
UN POINT DE NŒUD
EMPLACEMENT
DU POMPON
FAIRE LA
BOUCHE
AU POINT
ARRIÈRE
MUSEAU À COUDRE
AU POINT ARRIÈRE
OREILLE
PATTE
BAS DU CORPS

Nicolas le koala

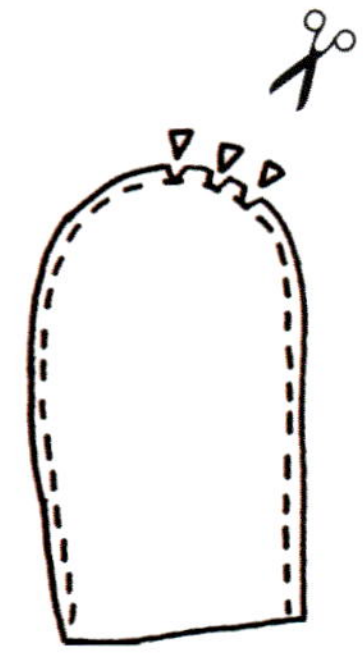

Pour réaliser soi-même son doudou, il faut :

- un coupon de tissu de 15 cm/9 cm pour la tête.
- un coupon de tissu imprimé de 15 cm/10 cm pour le corps.
- un coupon de tissu lainage de 14 cm/14 cm pour les oreilles.
- un coupon de tissu de 25 cm/25 cm pour les pattes.
- un coupon de tissu uni de 15 cm/19 cm pour le dos.
- un coupon de tissu de 30 cm/10 cm pour l'écharpe.
- un morceau de feutre ou feutrine blanche de 3 cm/6 cm pour les yeux.
- un morceau de feutre ou feutrine de 4 cm/6 cm pour le nez.
- de la ouate, du fil à broder de différentes couleurs, du fil à coudre, du rembourrage.
- une paire de ciseaux, une aiguille à coudre, une aiguille à broder.

1 - Reproduire le patron sur une feuille de papier et découper les différentes pièces. Prévoir 0,5 cm supplémentaire pour les coutures.

2 - Reporter et découper la tête sur le tissu choisi et le bas du corps sur le tissu imprimé. Pour le dos, réunir les patrons de la tête et du bas du corps sur le tissu uni et découper.
Pour les pattes, plier le tissu en 2, endroit contre endroit. Reporter et découper la patte 4 fois. Pour les oreilles, plier le tissu en 2, endroit contre endroit. Reporter et découper l'oreille 2 fois.
Sur la feutrine, reporter et découper le nez 1 fois. Sur la feutrine blanche, reporter et découper les yeux 2 fois.

3 - Montage du devant
Coudre ensemble la tête et le bas du corps à 0,5 cm du bord, tissus endroit contre endroit.

4 - Montage des éléments
Coudre le nez au point arrière. Placer les yeux avec un point de nœud.

5 - Réalisation des pattes et des oreilles
Superposer les 2 morceaux de tissu endroit contre endroit.
Coudre à 0,5 cm du bord en laissant une ouverture.
Cranter (à l'aide de ciseaux, couper des crans du bord du tissu à la couture) et retourner. Rembourrer.
Faire de même avec les oreilles.

6 - Montage du doudou
Superposer endroit contre endroit les 2 parties du corps. Glisser et épingler les pattes et les oreilles entre les 2 épaisseurs de tissu (voir schéma). Coudre autour du corps (à 0,5 cm du bord) en laissant une ouverture sur le côté. Cranter les arrondis et retourner le corps sur l'endroit. Bourrer le doudou puis fermer à points glissés. Nouer l'écharpe.

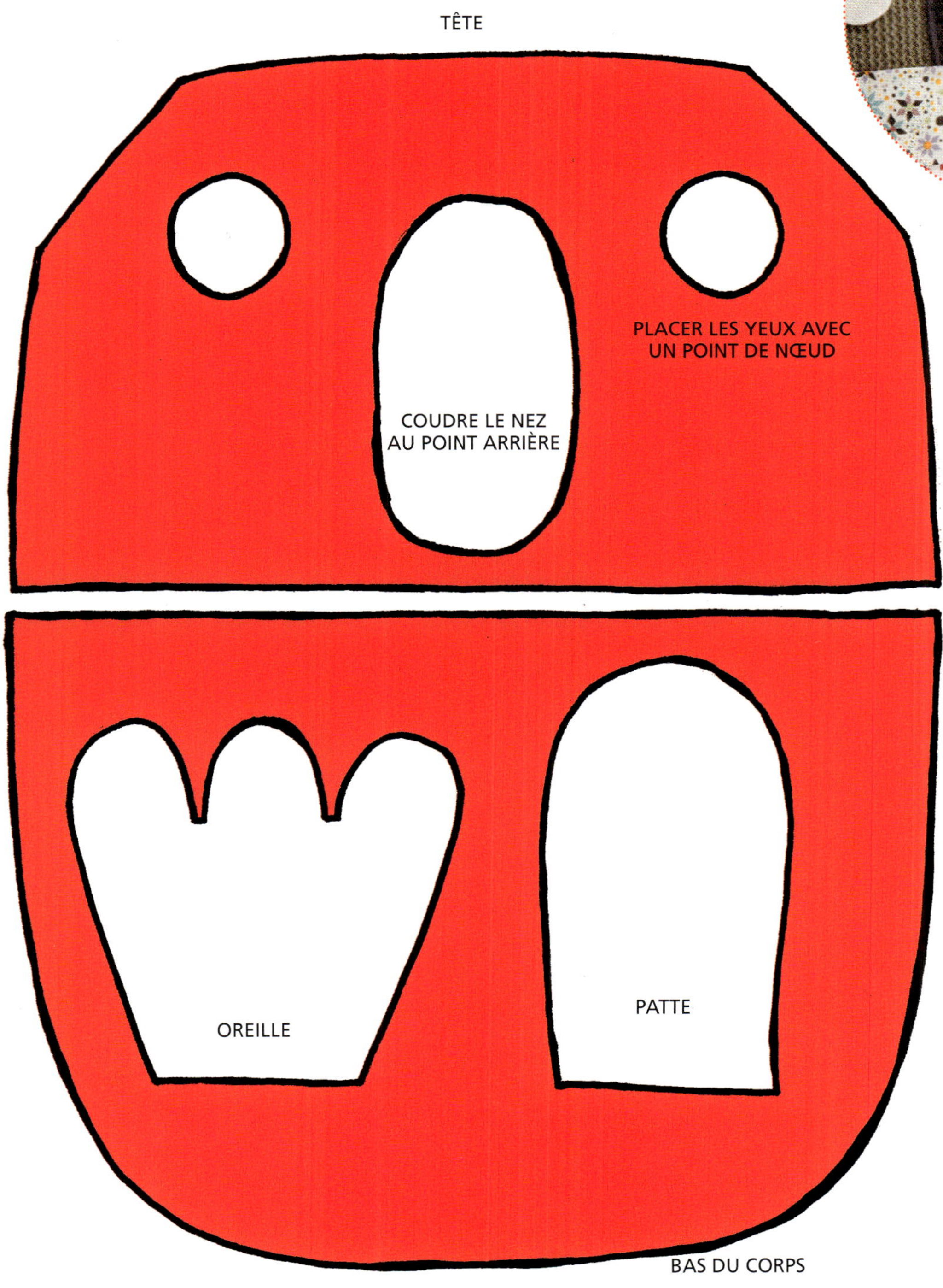
TÊTE
PLACER LES YEUX AVEC
UN POINT DE NŒUD
COUDRE LE NEZ
AU POINT ARRIÈRE
OREILLE
PATTE
BAS DU CORPS

Momo le corbeau

Archibald le lapin

Momo le corbeau

Pour réaliser soi-même son doudou, il faut :

- un coupon de tissu de 40 cm/30 cm.
- un coupon de tissu de 30 cm/10 cm pour l'écharpe.
- un morceau de feutre ou feutrine de 20 cm/16 cm pour le bec et les pattes et un morceau de feutrine blanche pour les yeux.
- de la ouate, du fil à broder, du fil à coudre, du rembourrage.
- une paire de ciseaux, une aiguille à coudre, une aiguille à broder.

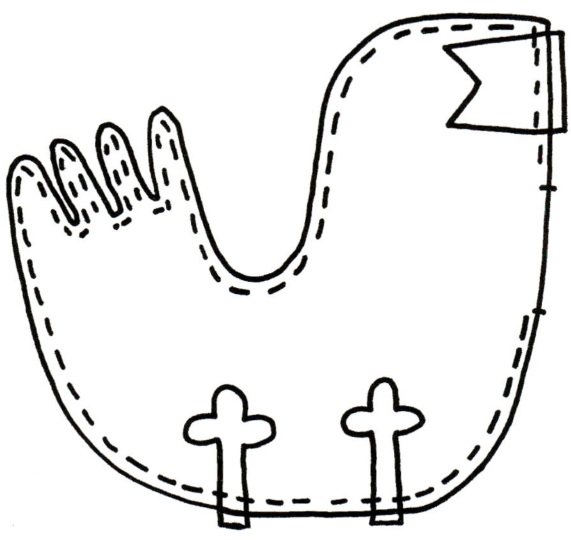

1 - Reproduire le patron sur une feuille de papier et découper les différentes pièces. Prévoir 0,5 cm supplémentaire pour les coutures.

2 - Pour le corps, plier le tissu en 2, endroit contre endroit. Reporter et découper le corps 1 fois. Sur la feutrine, reporter et découper le bec et les 2 pattes. Sur la feutrine blanche, reporter et découper les yeux.

3 - Montage des éléments

Fixer les yeux avec un point de nœud au centre.

4 - Montage du bec

Superposer les 2 morceaux de feutrine.

Coudre au point levé tout autour (voir schéma ci-dessous). Rembourrer légèrement le bec.

5 - Montage du doudou

Superposer les 2 parties du corps endroit contre endroit. Glisser et épingler les pattes et le bec entre les 2 épaisseurs de tissu (voir schéma).

Coudre autour du corps (à 0,5 cm du bord) en laissant une ouverture sur le côté. Cranter les arrondis et retourner le corps sur l'endroit. Bourrer le doudou puis fermer à points glissés et nouer l'écharpe.

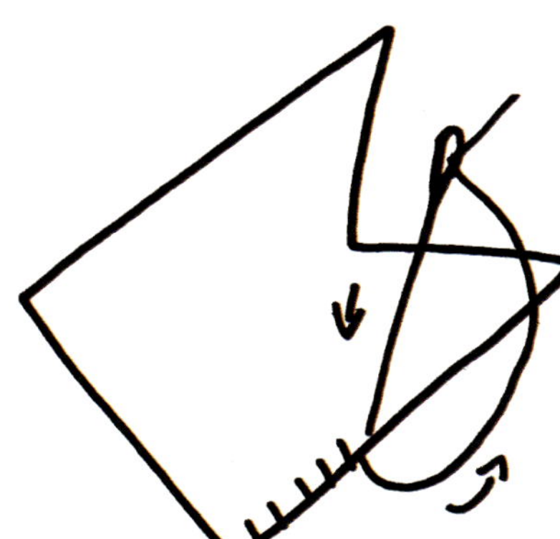

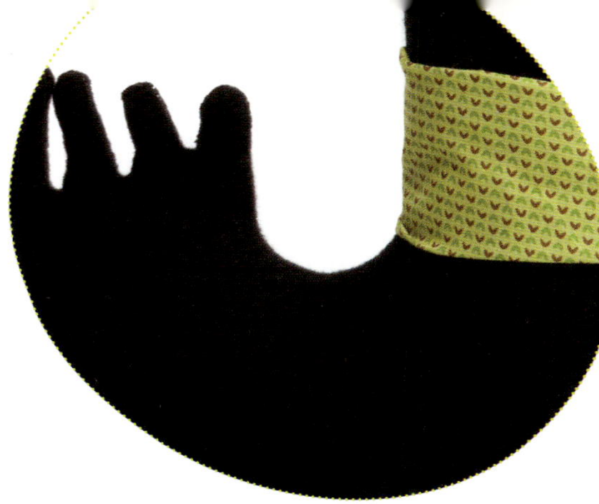

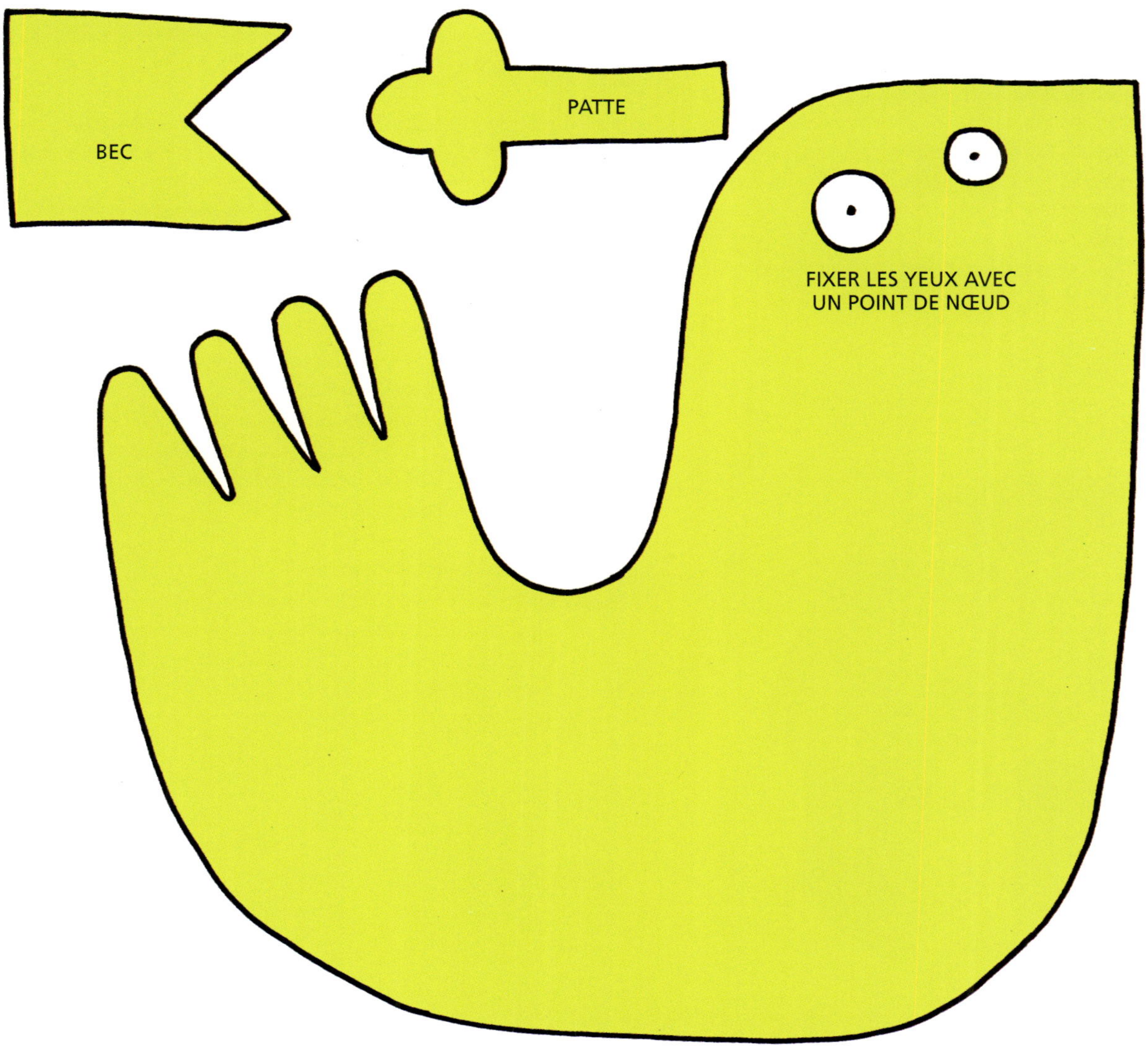
BEC
PATTE
FIXER LES YEUX AVEC
UN POINT DE NŒUD

Archibald le Lapin

Pour réaliser soi-même son doudou, il faut :

- un coupon de tissu imprimé de 18 cm/29 cm pour le devant.
- un coupon de tissu uni de 18 cm/29 cm pour le dos.
- un coupon de tissu de 25 cm/25 cm pour les pattes.
- un morceau de feutre ou feutrine de 9 cm/10 cm pour le museau.
- de la ouate, du fil à broder de différentes couleurs, du fil à coudre, du rembourrage.
- une paire de ciseaux, une aiguille à coudre, une aiguille à broder.

1 - Reproduire le patron sur une feuille de papier et découper les différentes pièces. Prévoir 0,5 cm supplémentaire pour les coutures.

2 - Reporter et découper le devant et le dos sur les tissus choisis.
Pour les pattes, plier le tissu en 2, endroit contre endroit. Reporter et découper la patte 4 fois.
Sur la feutrine, reporter et découper le museau.

3 - Montage des éléments
Coudre le museau au point arrière. Faire les yeux au point de nœud et la bouche au point arrière.

4 - Réalisation des pattes
Superposer les 2 morceaux de tissu endroit contre endroit.
Coudre à 0,5 cm du bord en laissant une ouverture.
Cranter (à l'aide de ciseaux, couper des crans du bord du tissu à la couture) et retourner. Rembourrer.

5 - Montage du doudou
Superposer endroit contre endroit les 2 parties du corps. Glisser et épingler les pattes entre les 2 épaisseurs de tissu (voir schéma ci-contre).
Coudre autour du corps (à 0,5 cm du bord) en laissant une ouverture sur le côté. Cranter les arrondis et retourner le corps sur l'endroit. Bourrer le doudou puis fermer à points glissés.

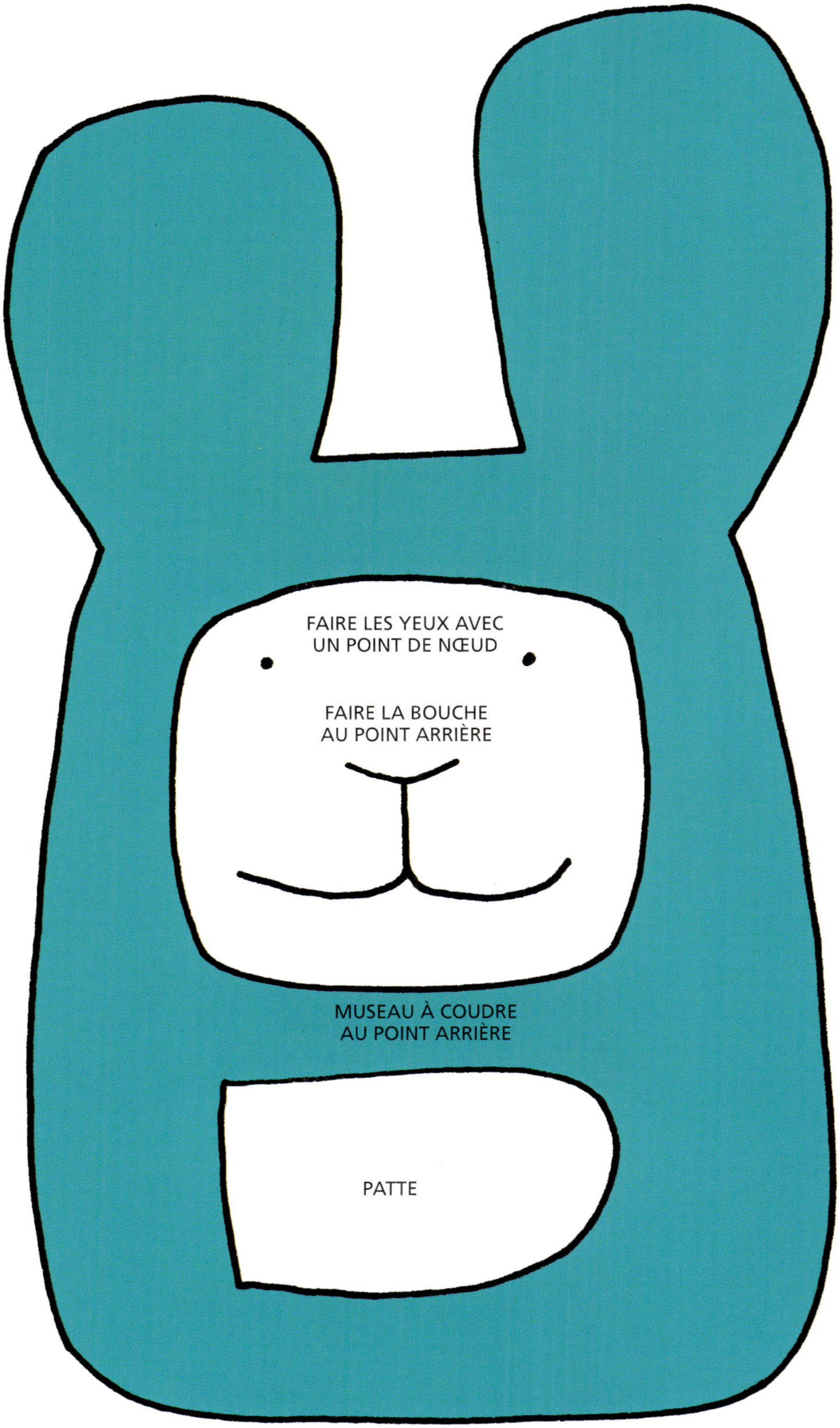
FAIRE LES YEUX AVEC
UN POINT DE NŒUD
FAIRE LA BOUCHE
AU POINT ARRIÈRE
MUSEAU À COUDRE
AU POINT ARRIÈRE
PATTE

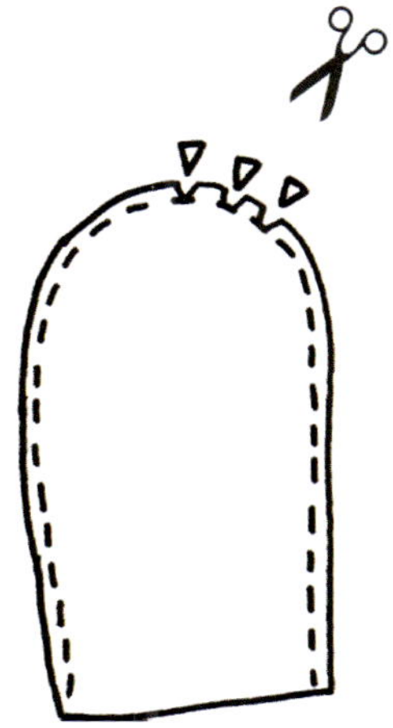

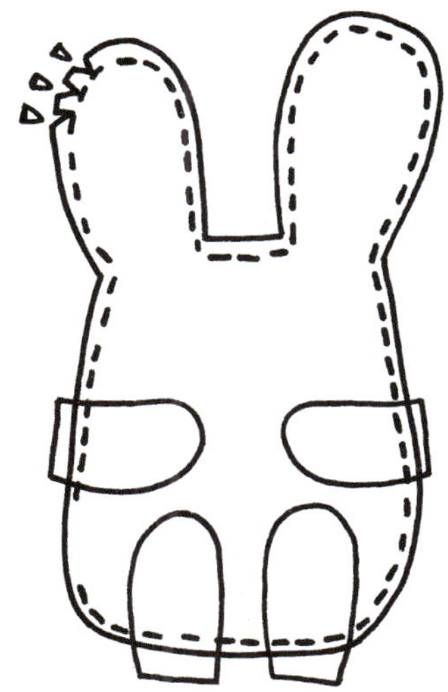

TRISTAN L'ÂNE

TRISTAN L'ÂNE

Pour réaliser soi-même son doudou, il faut :

- un coupon de tissu polaire de 22 cm/20 cm pour la tête.
- un morceau de polaire blanc de 12 cm/6 cm pour le museau.
- un coupon de tissu imprimé de 16 cm/15 cm pour le corps.
- un coupon de tissu uni de 22 cm/35 cm pour le dos.
- un coupon de tissu polaire de 14 cm/6 cm et un morceau de tissu de 14 cm/6 cm pour les oreilles.
- un coupon de tissu de 35 cm/10 cm pour l'écharpe.

- un morceau de feutrine de 10 cm/20 cm pour les pattes.
- un morceau de feutre ou feutrine blanche pour les yeux.
- de la ouate, du fil à broder de différentes couleurs, du fil à coudre, du rembourrage.
- une paire de ciseaux, une aiguille à coudre, une aiguille à broder.

1 - Agrandir et reproduire le patron sur une feuille de papier et découper les différentes pièces. Prévoir 0,5 cm supplémentaire pour les coutures.

2 - Reporter et découper la tête et le museau sur les tissus polaires. Reporter et découper le bas du corps sur le tissu imprimé. Pour le dos, réunir les patrons de la tête et du bas du corps sur le tissu uni et découper.
Pour les oreilles, plier le tissu en 2, endroit contre endroit. Reporter et découper 1 fois l'oreille sur chacun.
Sur la feutrine, reporter et découper les 2 yeux et la patte 4 fois.

3 - Montage du devant
Coudre, tissus endroit contre endroit, le museau et la tête à 0,5 cm du bord. Coudre ensemble la tête et le bas du corps à 0,5 cm du bord, tissus endroit contre endroit.

4 - Montage des éléments
Placer les yeux avec un point de nœud.

5 - Réalisation des oreilles
Superposer un morceau de polaire avec un morceau de tissu endroit contre endroit.
Coudre à 0,5 cm du bord en laissant une ouverture.
Cranter (à l'aide de ciseaux, couper des crans du bord du tissu à la couture) et retourner. Plier l'oreille en 2.

6 - Montage du doudou
Superposer les 2 parties du corps endroit contre endroit. Glisser et épingler les pattes et les oreilles entre les 2 épaisseurs de tissu (voir schéma). Coudre autour du corps (à 0,5 cm du bord) en laissant une ouverture sur le côté. Cranter les arrondis et retourner le corps sur l'endroit. Bourrer le doudou puis fermer à points glissés. Nouer l'écharpe.

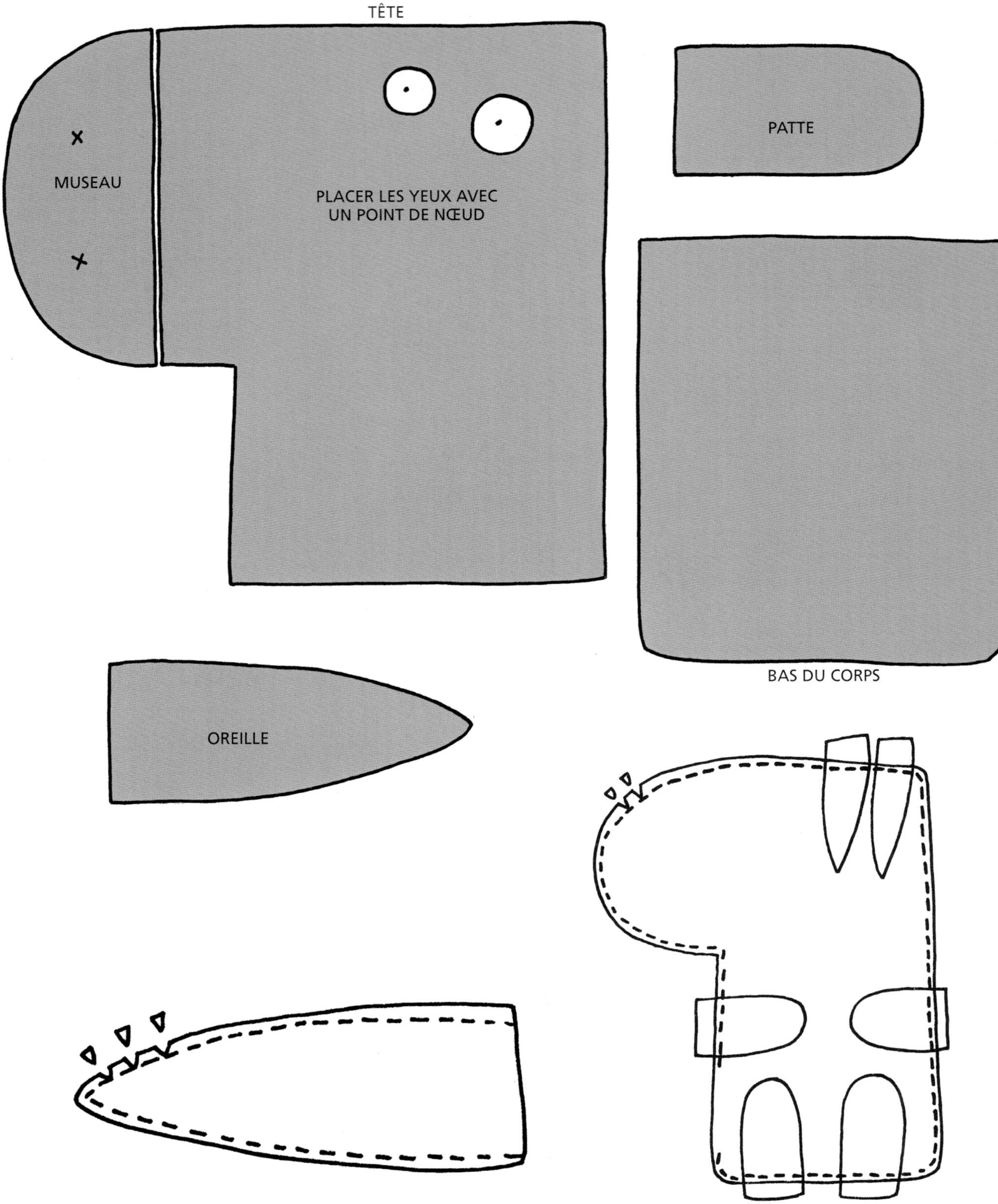
TÊTE
MUSEAU
PLACER LES YEUX AVEC
UN POINT DE NŒUD
PATTE
BAS DU CORPS
OREILLE

edMée L'OURSON

Edmée L'ourson

Pour réaliser soi-même son doudou, il faut :

- un coupon de tissu fourrure brune de 22 cm/16 cm pour la tête.
- un coupon de tissu imprimé de 15 cm/16 cm pour le corps.
- un coupon de tissu uni de 22 cm/28 cm pour le dos.
- un coupon de tissu de 25cm/25cm pour les pattes.
- un morceau de feutre ou feutrine de 8 cm/8 cm pour le museau.
- de la ouate, du fil à broder de différentes couleurs, du fil à coudre, du rembourrage, un pompon.
- une paire de ciseaux, une aiguille à coudre, une aiguille à broder.

1 - Reproduire le patron sur une feuille de papier et découper les différentes pièces. Prévoir 0,5 cm supplémentaire pour les coutures.

2 - Reporter et découper la tête sur le tissu fourrure brune et le bas du corps sur le tissu imprimé. Pour le dos, réunir les patrons de la tête et du bas du corps sur le tissu uni et découper.
Pour les pattes, plier le tissu en 2, endroit contre endroit. Reporter et découper la patte 4 fois.
Sur la feutrine, reporter et découper 1 fois le museau.

3 - Montage du devant
Coudre ensemble la tête et le bas du corps à 0,5 cm du bord, tissus endroit contre endroit.

4 - Montage des éléments
Coudre le museau au point arrière. Faire les yeux avec un point de nœud et coudre le pompon au bout du museau. Faire la bouche au point arrière.

5 - Broderie
Reporter les motifs de broderie et suivre les indications sur le patron.

6 - Réalisation des pattes
Superposer les 2 morceaux de tissu endroit contre endroit.
Coudre à 0,5 cm du bord en laissant une ouverture.
Cranter (à l'aide de ciseaux, couper des crans du bord du tissu à la couture) et retourner. Rembourrer.

7 - Montage du doudou
Superposer endroit contre endroit les 2 parties du corps. Glisser et épingler les pattes entre les 2 épaisseurs de tissu (voir schéma).
Coudre autour du corps (à 0,5 cm du bord) en laissant une ouverture sur le côté. Cranter les arrondis et retourner le corps sur l'endroit. Bourrer le doudou puis fermer à points glissés.

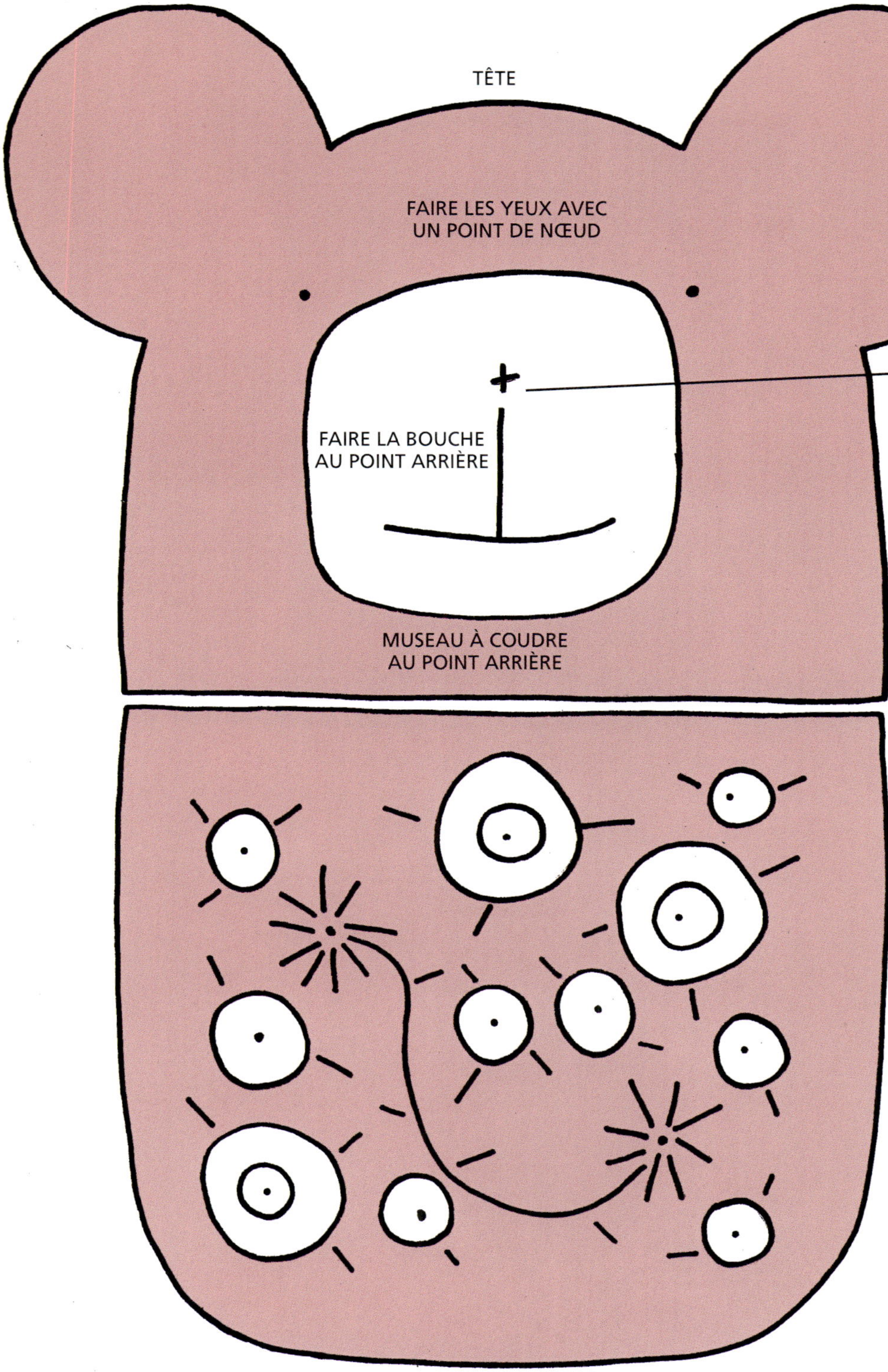
TÊTE
FAIRE LES YEUX AVEC
UN POINT DE NŒUD
EMPLACEMENT
DU POMPON
FAIRE LA BOUCHE
AU POINT ARRIÈRE
MUSEAU À COUDRE
AU POINT ARRIÈRE

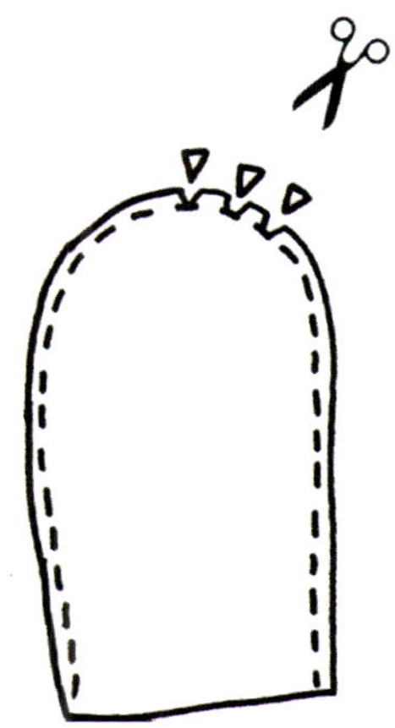

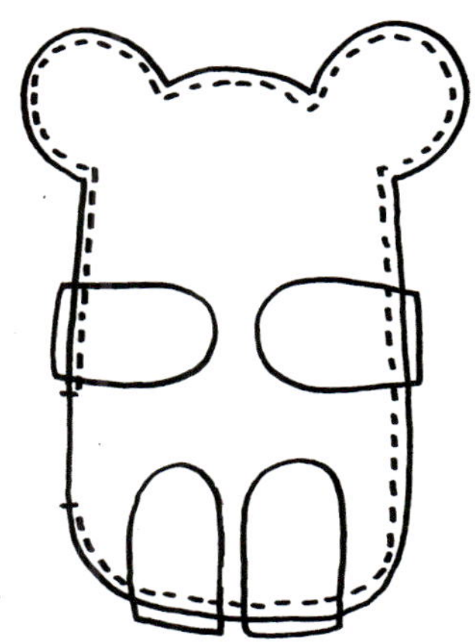

BAS DU CORPS

Anatole le raton laveur

Arsène la Musaraigne

Anatole le raton laveur

Pour réaliser soi-même son doudou, il faut :

- un coupon de tissu fourrure de 20 cm/20 cm pour la tête.
- un coupon de 20 cm/20 cm pour la queue.
- un coupon de tissu imprimé de 15 cm/18 cm pour le corps.
- un coupon de tissu uni de 30 cm/20 cm pour le dos.
- un coupon de tissu de 25 cm/25 cm pour les pattes.
- un morceau de feutre ou feutrine blanche de 14 cm/12 cm pour le masque.
- de la ouate, du fil à broder de différentes couleurs, du fil à coudre, du rembourrage, un pompon.
- une paire de ciseaux, une aiguille à coudre, une aiguille à broder.

1 - Reproduire le patron sur une feuille de papier et découper les différentes pièces. Prévoir 0,5 cm supplémentaire pour les coutures.

2 - Reporter et découper la tête et 2 fois la queue sur le tissu fourrure ainsi que le bas du corps sur le tissu imprimé. Pour le dos, réunir les patrons de la tête et du bas du corps sur le tissu uni et découper.
Pour les pattes, plier le tissu en 2, endroit contre endroit. Reporter et découper la patte 4 fois.
Sur la feutrine blanche, reporter et découper 1 fois le masque.

3 - Montage du devant
Coudre ensemble la tête et le bas du corps à 0,5 cm du bord, tissus endroit contre endroit.

4 - Montage des éléments
Coudre le masque au point arrière, les yeux au point de nœud et coudre le pompon.

5 - Réalisation des pattes et de la queue
Superposer les 2 morceaux de tissu endroit contre endroit.
Coudre à 0,5 cm du bord en laissant une ouverture.
Cranter (à l'aide de ciseaux, couper des crans du bord du tissu à la couture) et retourner. Rembourrer.
Faire de même avec la queue.

6 - Montage du doudou
Superposer les 2 parties du corps endroit contre endroit. Glisser et épingler les pattes et la queue entre les 2 épaisseurs de tissu (voir schéma).
Coudre autour du corps (à 0,5 cm du bord) en laissant une ouverture sur le côté. Cranter les arrondis et retourner le corps sur l'endroit. Bourrer le doudou puis fermer à points glissés.

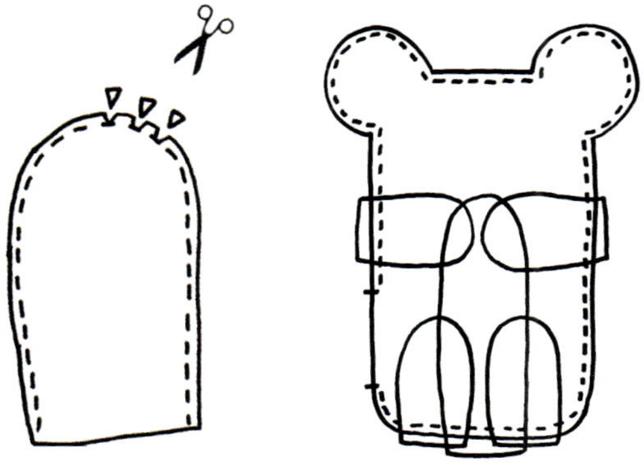

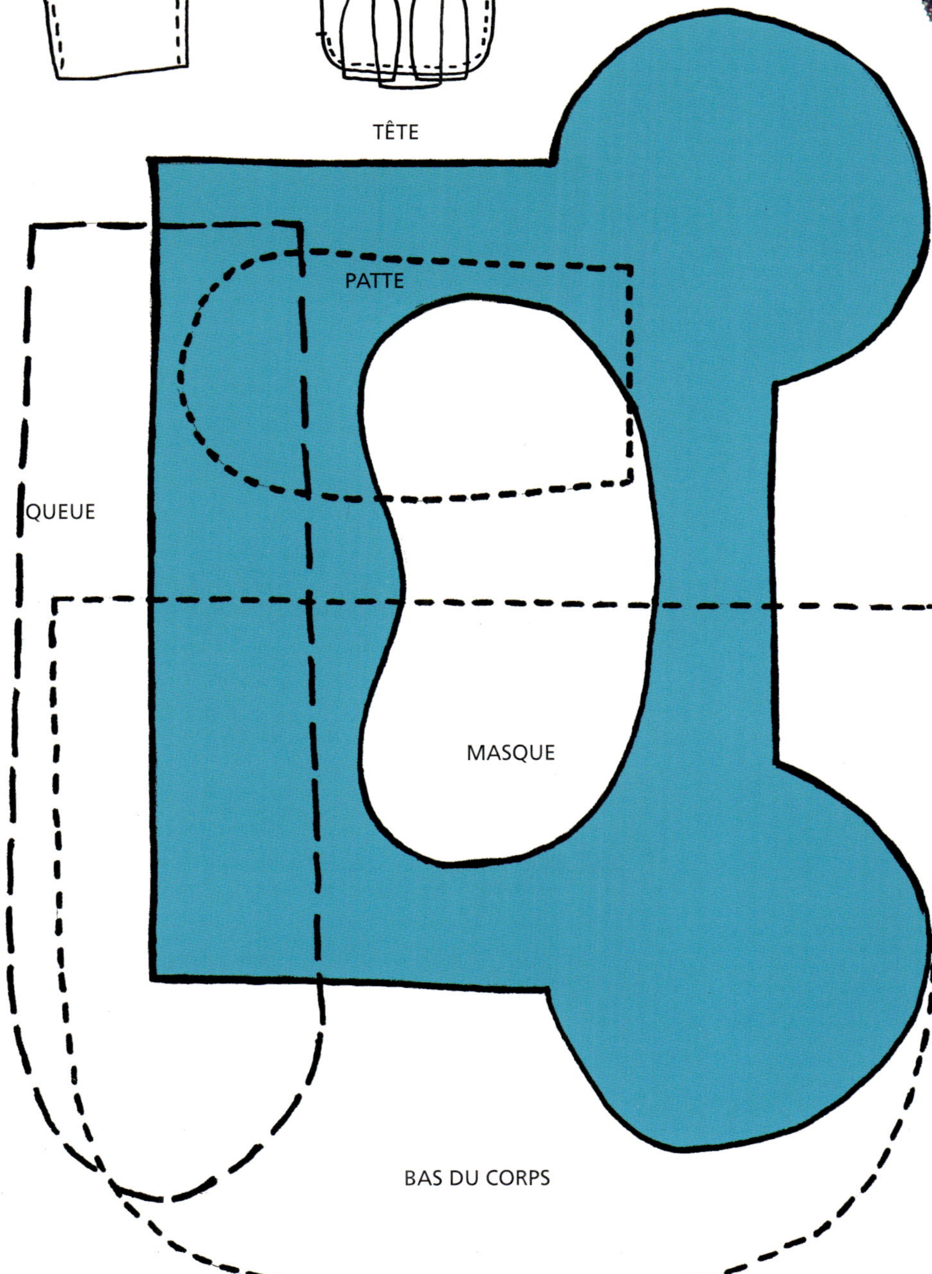
TÊTE
PATTE
QUEUE
MASQUE
BAS DU CORPS

Arsène la Musaraigne

Pour réaliser soi-même son doudou, il faut :

- un coupon de tissu de 15 cm/15 cm pour la tête.
- un coupon de tissu imprimé de 15 cm/12 cm pour le corps.
- un coupon de tissu uni de 15 cm/27 cm pour le dos.
- un coupon de tissu de 25 cm/25 cm pour les pattes.
- un coupon de tissu fourrure de 18 cm/18 cm pour les oreilles.
- un morceau de feutre ou feutrine de 15 cm/7 cm pour le masque et de la feutrine blanche pour les yeux.
- de la ouate, du fil à broder de différentes couleurs, du fil à coudre, du rembourrage, un pompon.
- une paire de ciseaux, une aiguille à coudre, une aiguille à broder.

1 - Reproduire le patron sur une feuille de papier et découper les différentes pièces. Prévoir 0,5 cm supplémentaire pour les coutures.

2 - Reporter et découper la tête sur le tissu choisi et le bas du corps sur le tissu imprimé. Pour le dos, réunir les patrons de la tête et du bas du corps sur le tissu uni et découper.
Pour les pattes, plier le tissu en 2, endroit contre endroit. Reporter et découper la patte 4 fois.
Pour les oreilles, plier le tissu en 2, endroit contre endroit. Reporter et découper l'oreille 2 fois.
Sur la feutrine, reporter et découper 1 fois le masque. Sur la feutrine blanche, reporter et découper 2 fois les yeux.

3 - Montage du devant
Coudre ensemble la tête et le bas du corps à 0,5 cm du bord, tissus endroit contre endroit.

4 - Montage des éléments
Coudre le masque au point arrière. Placer les yeux avec un point de nœud et fixer le pompon au bout du museau.

5 - Réalisation des pattes et des oreilles
Superposer les 2 morceaux de tissu endroit contre endroit.
Coudre à 0,5 cm du bord en laissant une ouverture.
Cranter (à l'aide de ciseaux, couper des crans du bord du tissu à la couture) et retourner. Rembourrer.
Faire de même avec les oreilles.

6 - Montage du doudou
Superposer les 2 parties du corps endroit contre endroit. Glisser et épingler les pattes et les oreilles entre les 2 épaisseurs de tissu (voir schéma).
Coudre autour du corps (à 0,5 cm du bord) en laissant une ouverture sur le côté. Cranter les arrondis et retourner le corps sur l'endroit. Bourrer le doudou puis fermer à points glissés.

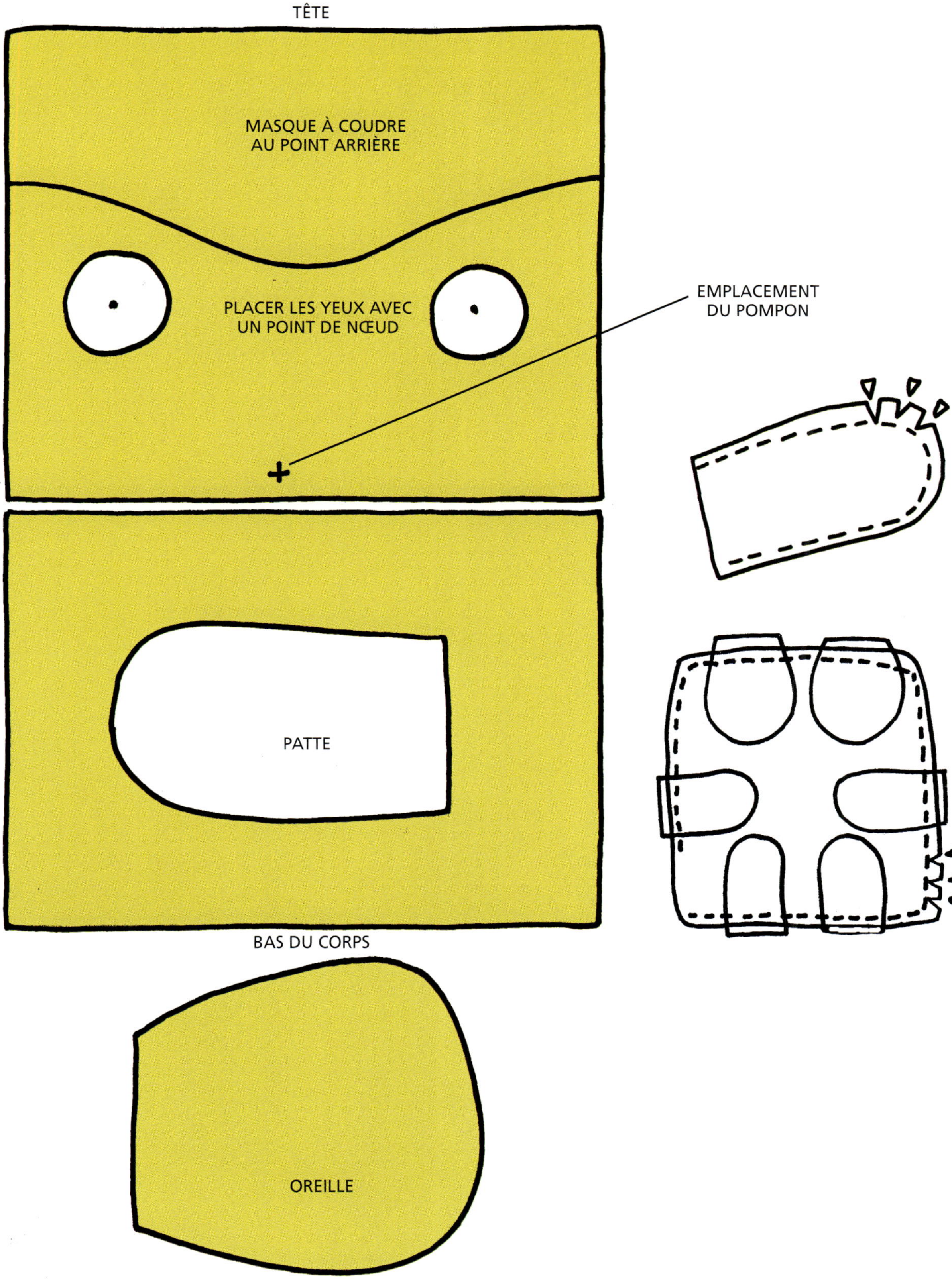
TÊTE
MASQUE À COUDRE
AU POINT ARRIÈRE
PLACER LES YEUX AVEC
UN POINT DE NŒUD
EMPLACEMENT
DU POMPON
PATTE
BAS DU CORPS
OREILLE

GASPARd LE CROCOdiLE

Suzette la poulette

GASPARd LE CROCOdiLE

Pour réaliser soi-même son doudou, il faut :

- un coupon de tissu polaire de 22 cm/24 cm pour la tête et de 20 cm/14 cm pour la queue.
- un coupon de tissu imprimé de 16 cm/15 cm pour le corps.
- un coupon de tissu uni de 22 cm/35 cm pour le dos.
- un morceau de feutre ou feutrine blanche pour les yeux.
- un morceau de feutre de 10 cm/20 cm pour les pattes.
- de la ouate, du fil à broder de différentes couleurs, du fil à coudre, du rembourrage.
- une paire de ciseaux, une aiguille à coudre, une aiguille à broder.

1 - Reproduire le patron sur une feuille de papier et découper les différentes pièces. Prévoir 0,5 cm supplémentaire pour les coutures.

2 - Reporter et découper la tête sur le tissu polaire et le bas du corps sur le tissu imprimé. Pour le dos, réunir les patrons de la tête et du bas du corps sur le tissu uni et découper.
Pour la queue, plier le tissu en 2, endroit contre endroit. Reporter et découper 1 fois la queue.
Sur les feutrines, reporter et découper les 2 yeux et la patte 4 fois.

3 - Montage du devant
Coudre ensemble la tête et le bas du corps à 0,5 cm du bord, tissus endroit contre endroit.

4 - Montage de la queue
Superposer les 2 morceaux de tissu, coudre à 0,5 cm du bord en laissant une ouverture. Cranter et retourner.

5 - Montage des éléments
Coudre la bouche au point arrière. Placer les yeux avec un point de nœud.

6 - Montage du doudou
Superposer les 2 parties du corps endroit contre endroit. Glisser et épingler les pattes, la queue et les oreilles entre les 2 épaisseurs de tissu (schéma).
Coudre autour du corps (à 0,5 cm du bord) en laissant une ouverture sur le côté. Cranter les arrondis et retourner le corps sur l'endroit. Bourrer le doudou puis fermer à points glissés.

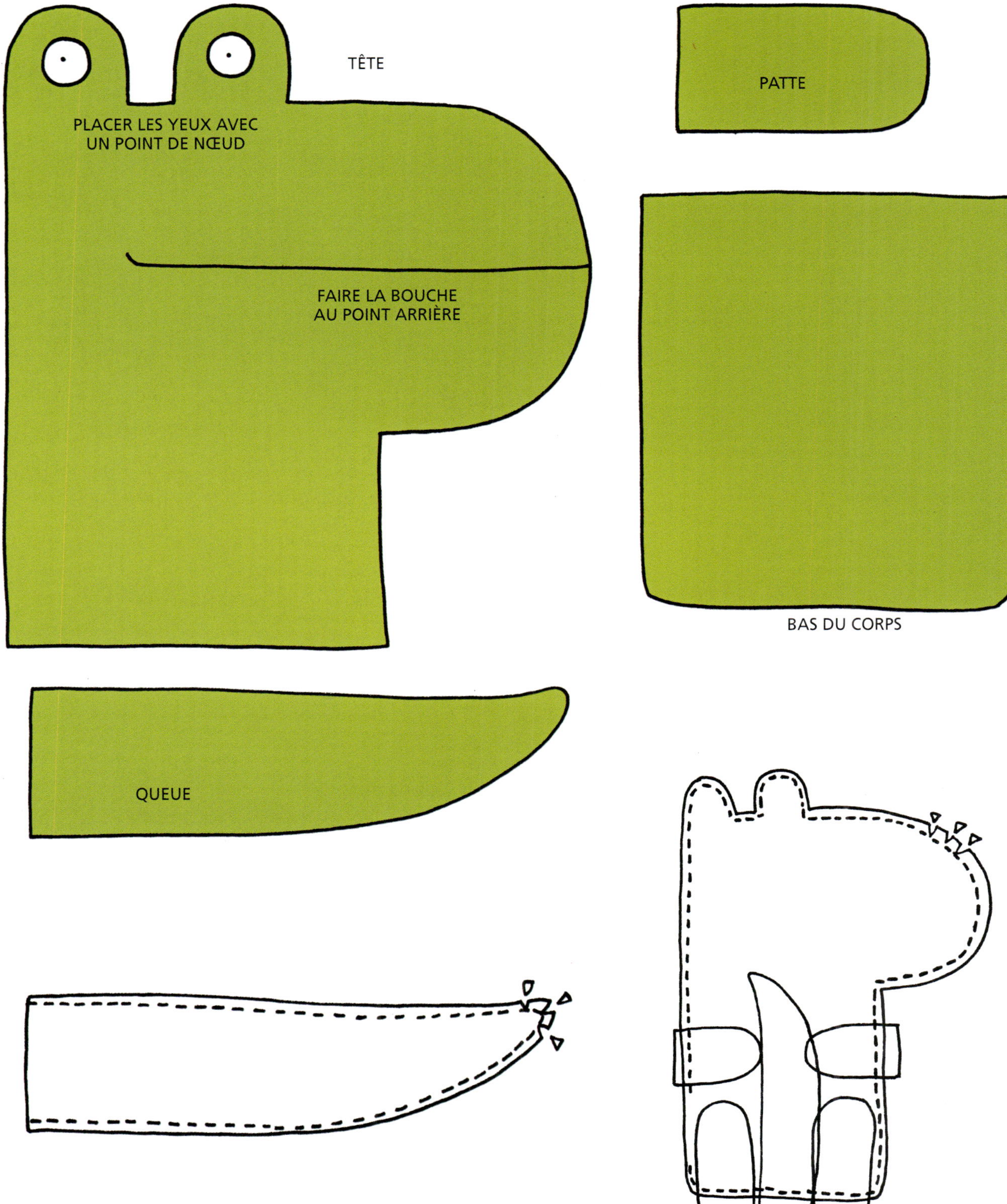
TÊTE
PLACER LES YEUX AVEC UN POINT DE NŒUD
FAIRE LA BOUCHE AU POINT ARRIÈRE
PATTE
BAS DU CORPS
QUEUE

Suzette la poulette

Pour réaliser soi-même son doudou, il faut :

- un coupon de tissu de 22 cm/13 cm pour la tête.
- un coupon de tissu imprimé de 19 cm/11 cm pour le corps.
- un coupon de tissu uni de 19 cm/24 cm pour le dos.
- un coupon de tissu de 25 cm/14 cm pour les ailes.
- un coupon de tissu de 12 cm/6 cm pour la crête.
- un morceau de feutre ou feutrine de 15 cm/10 cm pour le bec et les pattes et un morceau de feutrine blanche pour les yeux.
- de la ouate, du fil à broder de différentes couleurs, du fil à coudre, du rembourrage.
- une paire de ciseaux, une aiguille à coudre, une aiguille à broder.

1 - Agrandir et reproduire le patron sur une feuille de papier et découper les différentes pièces. Prévoir 0,5 cm supplémentaire pour les coutures.

2 - Reporter et découper les 2 parties de la tête sur le tissu choisi ainsi que le bas du corps sur le tissu imprimé. Pour le dos, réunir les patrons de la tête et du bas du corps sur le tissu uni et découper.
Pour les ailes, plier le tissu en 2, endroit contre endroit. Reporter et découper l'aile 2 fois. Pour la crête, plier le tissu en 2, endroit contre endroit. Reporter et découper la crête 1 fois. Sur les feutrines, reporter et découper 2 fois le bec, 2 fois la patte et les 2 yeux.

3 - Montage du bec
Superposer les 2 morceaux de feutrine.
Coudre au point levé (schéma ci-contre). Rembourrer légèrement le bec.

4- Montage du devant
Superposer les 2 parties de la tête (tissu endroit contre endroit), glisser le bec et coudre à 0,5 cm du bord. Coudre ensemble la tête et le bas du corps à 0,5 cm du bord, tissus endroit contre endroit.

5 - Montage des éléments
Placer les yeux avec un point de nœud.

6 - Réalisation des ailes et de la crête
Superposer les 2 morceaux de tissu endroit contre endroit.
Coudre à 0,5 cm du bord en laissant une ouverture.
Cranter (à l'aide de ciseaux, couper des crans du bord du tissu à la couture) et retourner. Rembourrer. Faire de même avec la crête.

7 - Montage du doudou
Superposer les 2 parties du corps endroit contre endroit. Glisser et épingler les pattes, la crête et les ailes entre les 2 épaisseurs de tissu (schéma).
Coudre autour du corps (à 0,5 cm du bord) en laissant une ouverture sur le côté. Cranter les arrondis et retourner le corps sur l'endroit. Bourrer le doudou puis fermer à points glissés.

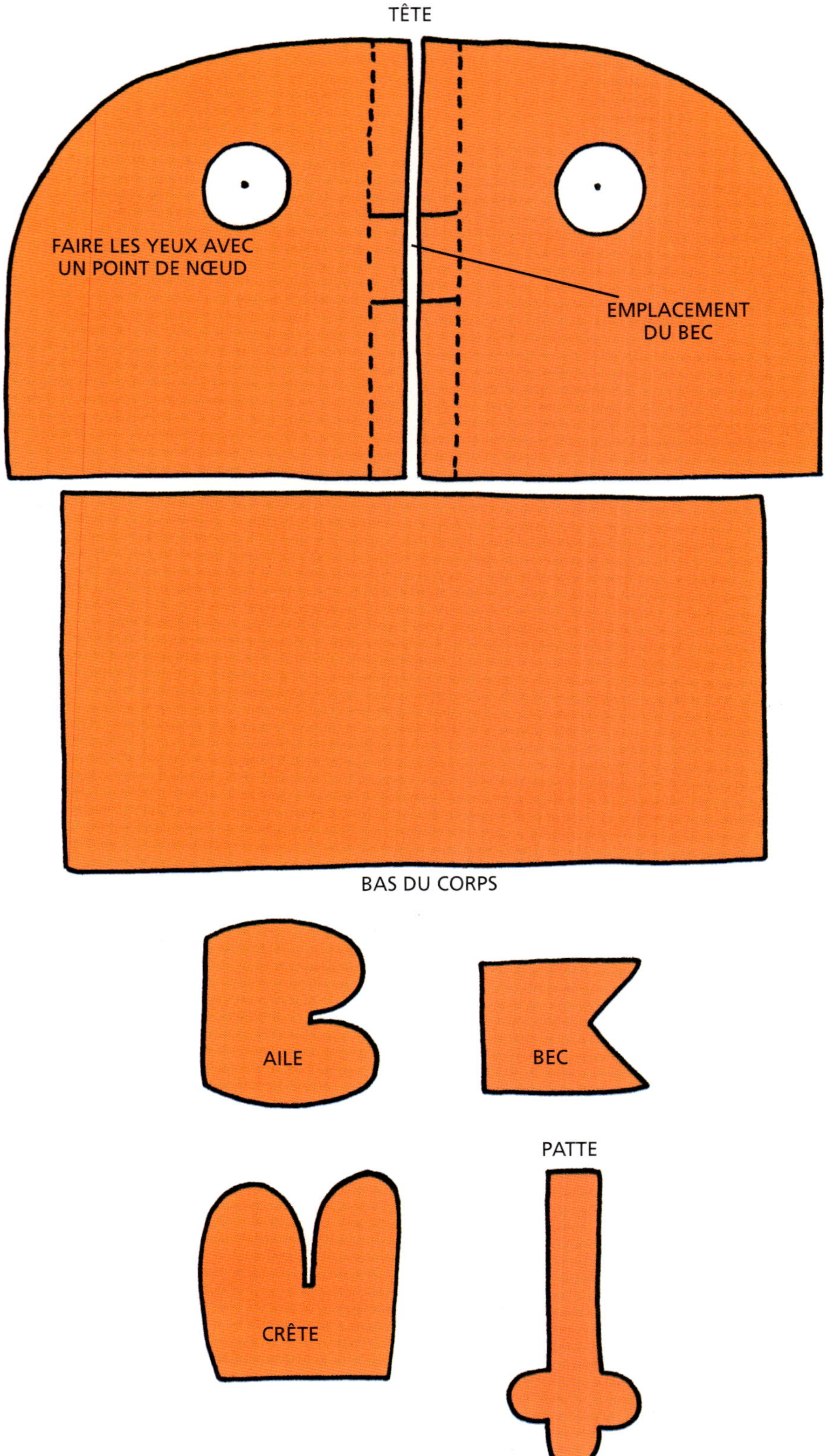
TÊTE
FAIRE LES YEUX AVEC UN POINT DE NŒUD
EMPLACEMENT DU BEC
BAS DU CORPS
AILE
BEC
PATTE
CRÊTE

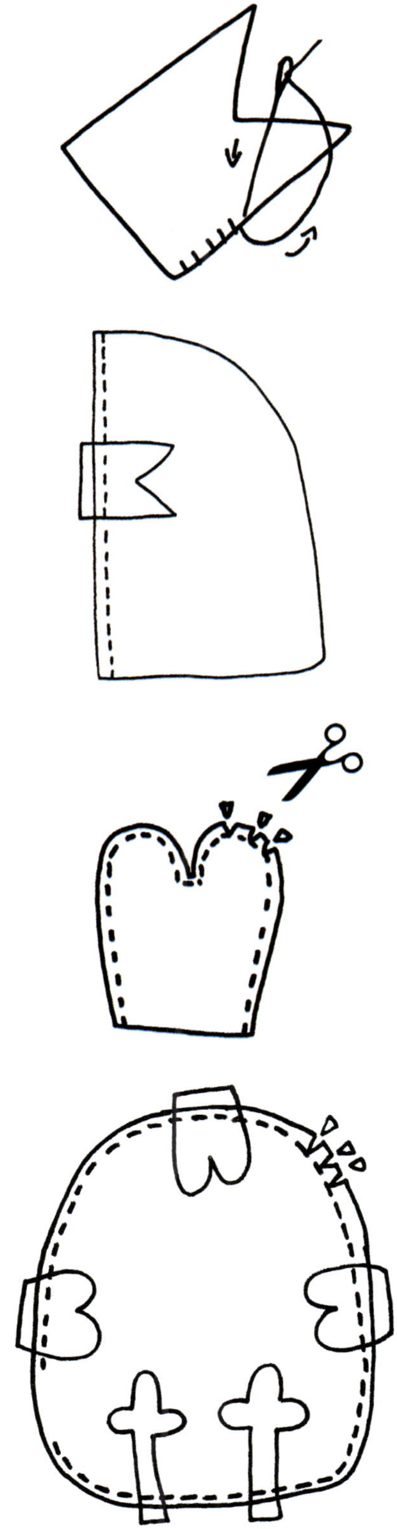

Josselin le poussin

BALTHAZAR LE RENARD

Josselin le poussin

Pour réaliser soi-même son doudou, il faut :

- un coupon de tissu imprimé de 20 cm/20 cm pour le devant.
- un coupon de tissu uni de 20 cm/20 cm pour le dos.
- un coupon de tissu de 25 cm/14 cm pour les ailes.
- un morceau de feutre ou feutrine de 15 cm/10 cm pour le bec et les pattes et un morceau de feutrine blanche pour les yeux.
- de la ouate, du fil à broder de différentes couleurs, du fil à coudre, du rembourrage.
- une paire de ciseaux, une aiguille à coudre, une aiguille à broder.

1 - Agrandir et reproduire le patron sur une feuille de papier et découper les différentes pièces. Prévoir 0,5 cm supplémentaire pour les coutures.

2 - Reporter et découper les 2 parties du devant et le dos.
Pour les ailes, plier le tissu en 2, endroit contre endroit. Reporter et découper l'aile 2 fois.
Sur les feutrines, reporter et découper 2 fois le bec, 2 fois la patte et les 2 yeux.

3 - Montage du bec
Superposer les 2 morceaux de feutrine.
Coudre au point levé tout autour (schéma). Rembourrer légèrement le bec.

4 - Montage du devant
Superposer les 2 parties du devant (tissu endroit contre endroit), glisser le bec et coudre à 0,5 cm du bord.

5 - Montage des éléments
Placer les yeux avec un point de nœud.

6 - Réalisation des ailes
Superposer les 2 morceaux de tissu endroit contre endroit.
Coudre à 0,5 cm du bord en laissant une ouverture.
Cranter (à l'aide de ciseaux, couper des crans du bord du tissu à la couture) et retourner. Rembourrer.

7 - Montage du doudou
Superposer les 2 parties du corps endroit contre endroit. Glisser et épingler les pattes et les ailes entre les 2 épaisseurs de tissu (schéma).
Coudre autour du corps (à 0,5 cm du bord) en laissant une ouverture sur le côté. Cranter les arrondis et retourner le corps sur l'endroit. Bourrer le doudou puis fermer à points glissés.

PLACER LES YEUX AVEC
UN POINT DE NŒUD
EMPLACEMENT
DU BEC

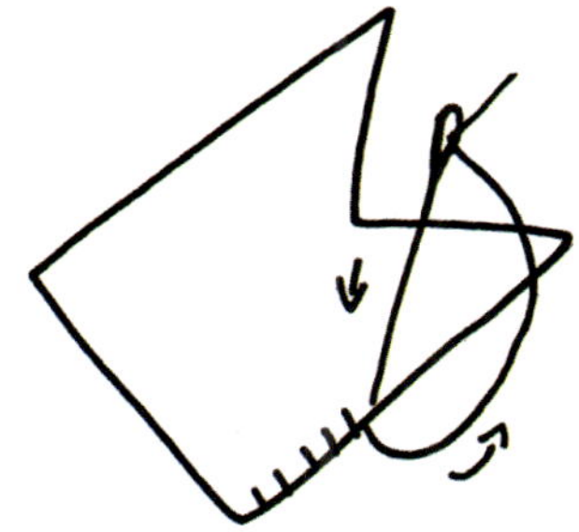

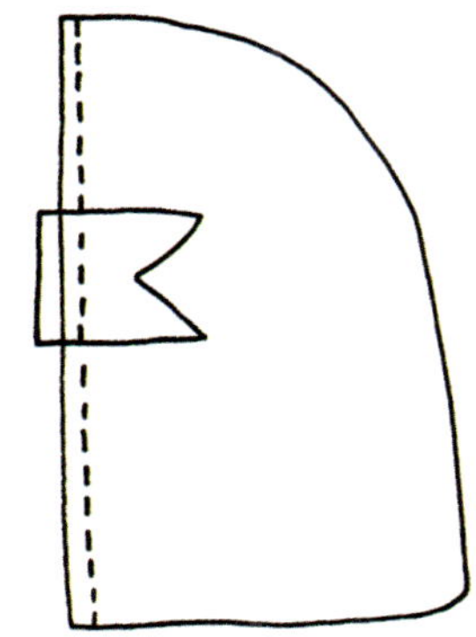

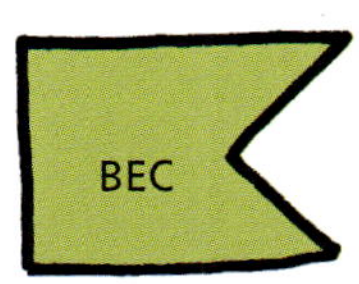
BEC

AILE

PATTE

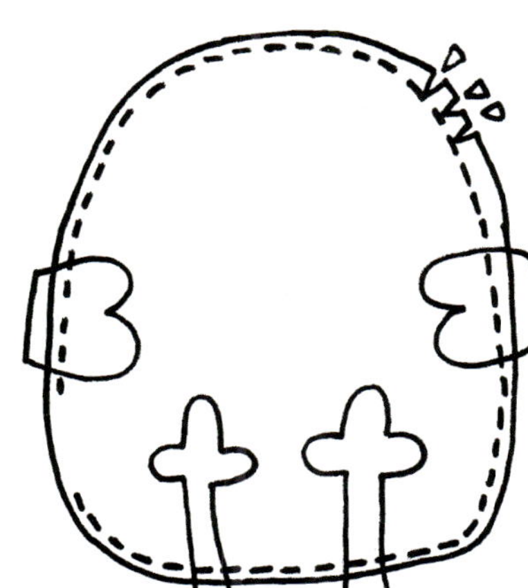

BALTHAZAR LE RENARD

Pour réaliser soi-même son doudou, il faut :

- un coupon de tissu orange de 20 cm/20 cm pour la tête et de 20 cm/25 cm pour la queue et les oreilles.
- un coupon de tissu imprimé de 15 cm/18 cm pour le corps.
- un coupon de tissu uni de 30 cm/20 cm pour le dos.
- un coupon de tissu de 25 cm/25 cm pour les pattes.
- un morceau de feutre ou feutrine blanche de 14 cm/12 cm pour le museau et les yeux.
- de la ouate, du fil à broder de différentes couleurs, du fil à coudre, du rembourrage, un pompon.
- une paire de ciseaux, une aiguille à coudre, une aiguille à broder.

1 - Reproduire le patron sur une feuille de papier et découper les différentes pièces. Prévoir 0,5 cm supplémentaire pour les coutures.

2 - Reporter et découper la tête et 2 fois la queue sur le tissu orange, ainsi que le bas du corps sur le tissu imprimé. Pour le dos, réunir les patrons de la tête et du bas du corps sur le tissu uni et découper. Pour les oreilles, plier le tissu en 2, endroit contre endroit. Reporter et découper l'oreille 2 fois. Pour les pattes, plier le tissu en 2, endroit contre endroit. Reporter et découper la patte 4 fois. Sur la feutrine blanche, reporter et découper le museau et les 2 yeux.

3 - Montage du devant
Coudre ensemble la tête et le bas du corps à 0,5 cm du bord, tissus endroit contre endroit.

4 - Montage des éléments
Coudre le museau au point arrière. Faire les yeux au point arrière et coudre le pompon.

5 - Réalisation des pattes, des oreilles et de la queue
Superposer les 2 morceaux de tissu endroit contre endroit.
Coudre à 0,5 cm du bord en laissant une ouverture.
Cranter (à l'aide de ciseaux, couper des crans du bord du tissu à la couture) et retourner. Rembourrer.
Faire de même avec les oreilles et la queue.

6 - Montage du doudou
Superposer les 2 parties du corps endroit contre endroit. Glisser et épingler les pattes, les oreilles et la queue entre les 2 épaisseurs de tissu (schéma).
Coudre autour du corps (à 0,5 cm du bord) en laissant une ouverture sur le côté. Cranter les arrondis et retourner le corps sur l'endroit. Bourrer le doudou puis fermer à points glissés.

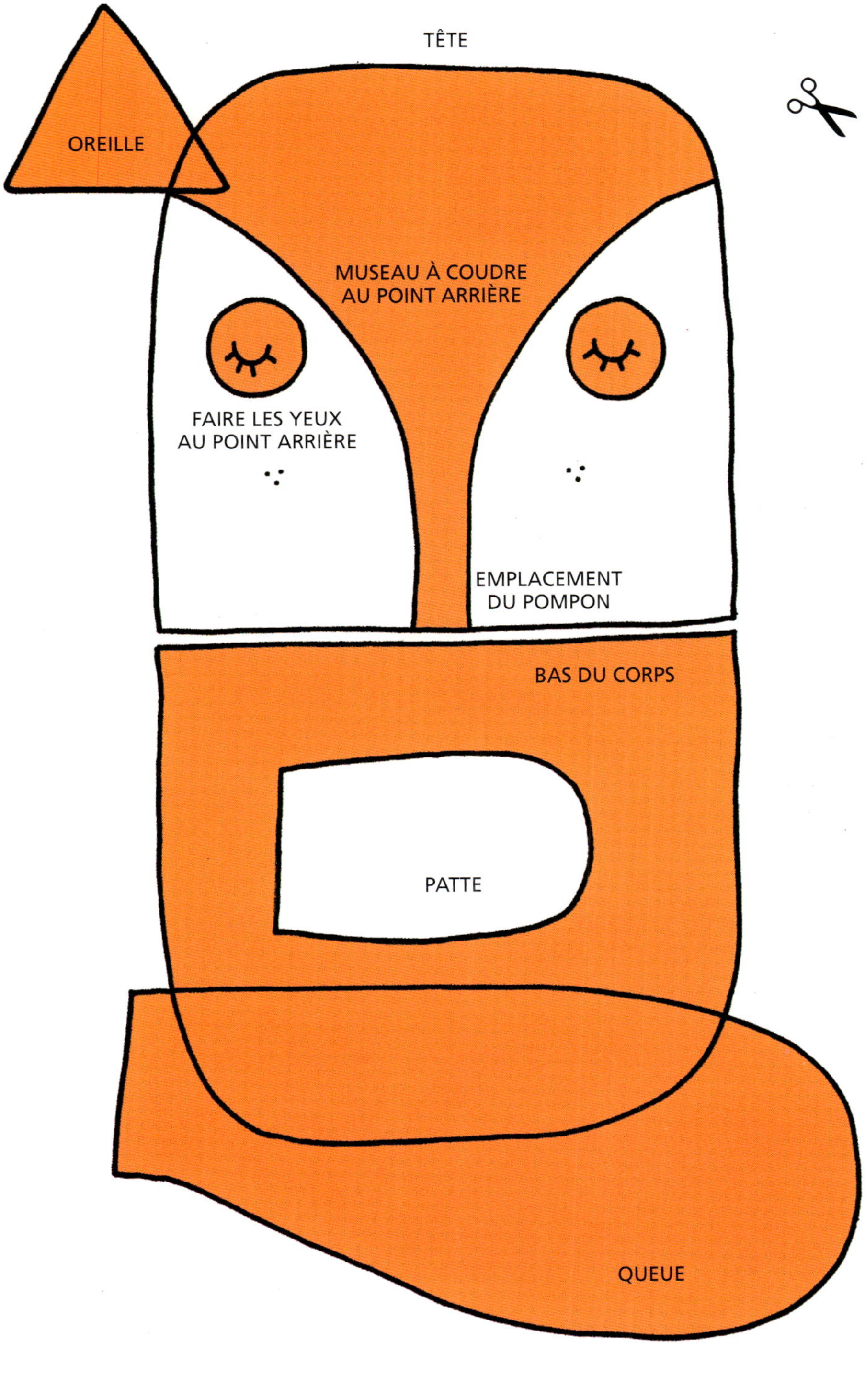
TÊTE
OREILLE
MUSEAU À COUDRE
AU POINT ARRIÈRE
FAIRE LES YEUX
AU POINT ARRIÈRE
EMPLACEMENT
DU POMPON
BAS DU CORPS
PATTE
QUEUE

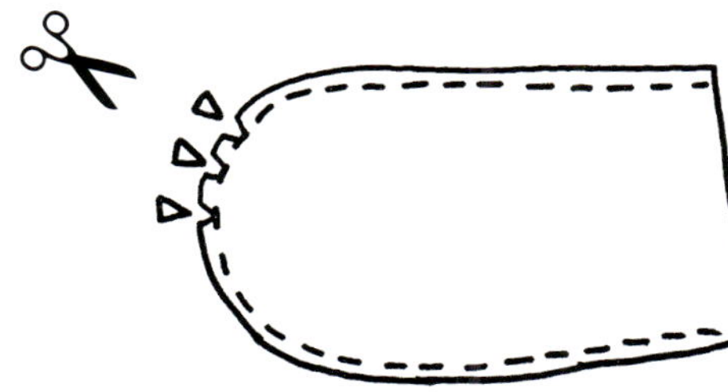

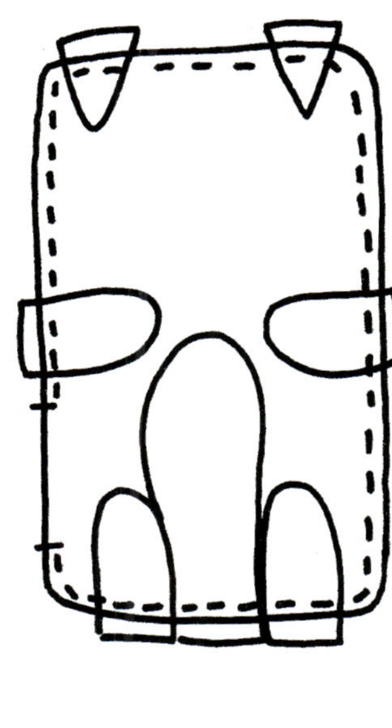

Ambroise le Basset

Aristide le caribou

Ambroise le Basset

Pour réaliser soi-même son doudou, il faut :

- un coupon de tissu de 15 cm/15 cm pour la tête.
- un coupon de tissu imprimé de 15 cm/12 cm pour le corps.
- un coupon de tissu uni de 15 cm/27 cm pour le dos.
- un coupon de tissu de 25 cm/25 cm pour les pattes.
- un coupon de tissu de 12 cm/26 cm pour les oreilles.

- un morceau de feutre ou feutrine de 6 cm/8 cm pour le museau et de la feutrine blanche pour les yeux.
- de la ouate, du fil à broder de différentes couleurs, du fil à coudre, du rembourrage, un pompon.
- une paire de ciseaux, une aiguille à coudre, une aiguille à broder.

1 - Reproduire le patron sur une feuille de papier et découper les différentes pièces. Prévoir 0,5 cm supplémentaire pour les coutures.

2 - Reporter et découper la tête sur le tissu choisi et le bas du corps sur le tissu imprimé. Pour le dos, réunir les patrons de la tête et du bas du corps sur le tissu uni et découper.
Pour les pattes, plier le tissu en 2, endroit contre endroit. Reporter et découper la patte 4 fois.
Pour les oreilles, plier le tissu en 2, endroit contre endroit. Reporter et découper l'oreille 2 fois.
Sur la feutrine, reporter et découper 1 fois le museau. Sur la feutrine blanche, reporter et découper 2 fois les yeux.

3 - Montage du devant
Coudre ensemble la tête et le bas du corps à 0,5 cm du bord, tissus endroit contre endroit.

4 - Montage des éléments
Coudre le museau au point arrière. Placer les yeux avec un point de nœud, faire la bouche au point arrière et coudre le pompon au bout du museau.

5 - Réalisation des pattes et des oreilles
Superposer les 2 morceaux de tissu endroit contre endroit.
Coudre à 0,5 cm du bord en laissant une ouverture.
Cranter (à l'aide de ciseaux, couper des crans du bord du tissu à la couture) et retourner. Rembourrer.
Faire de même avec les oreilles.

6 - Montage du doudou
Superposer endroit contre endroit les 2 parties du corps. Glisser et épingler les pattes et les oreilles, pliées en deux, entre les 2 épaisseurs de tissu (schéma).
Coudre autour du corps (à 0,5 cm du bord) en laissant une ouverture sur le côté. Cranter les arrondis et retourner le corps sur l'endroit. Bourrer le doudou puis fermer à points glissés.

TÊTE

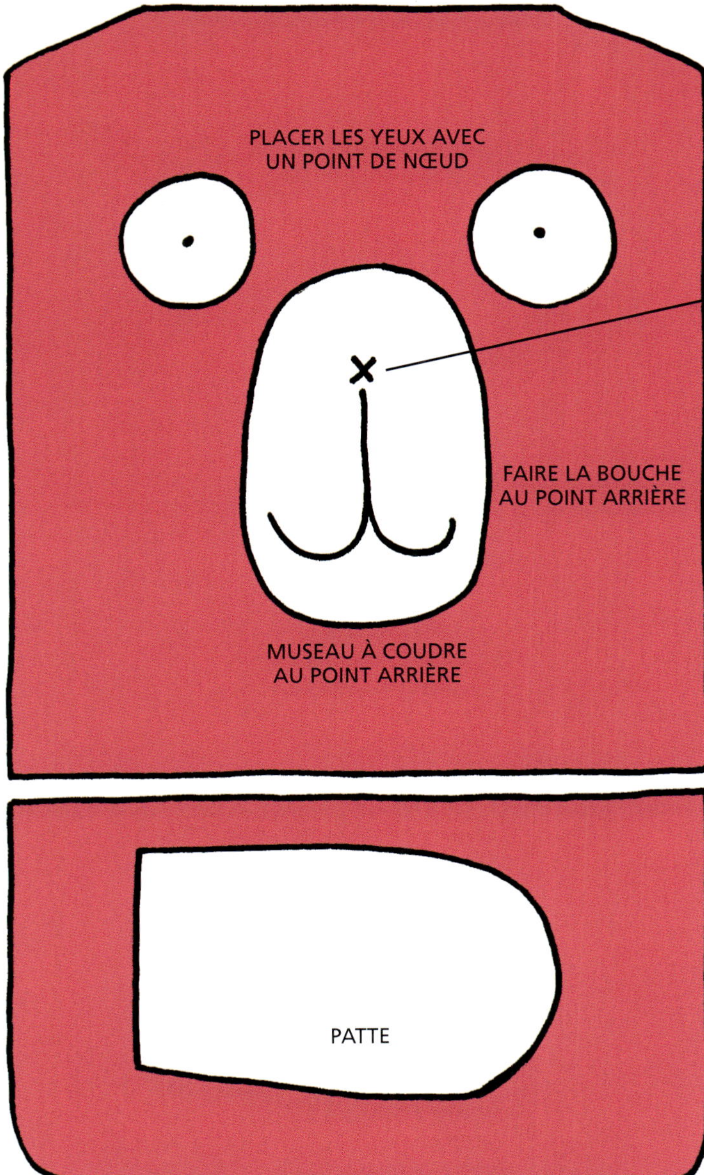

EMPLACEMENT
DU POMPON

BAS DU CORPS

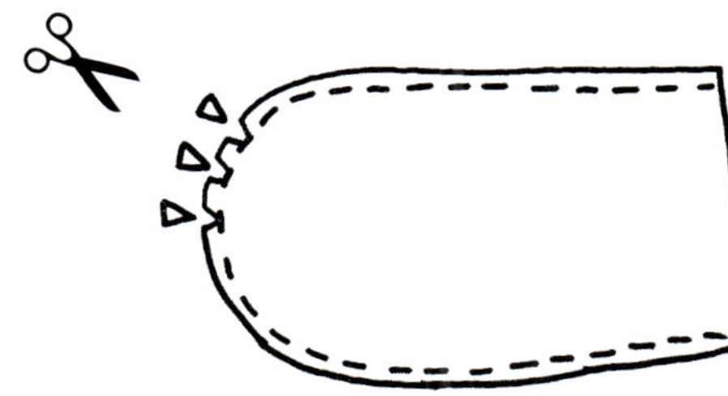

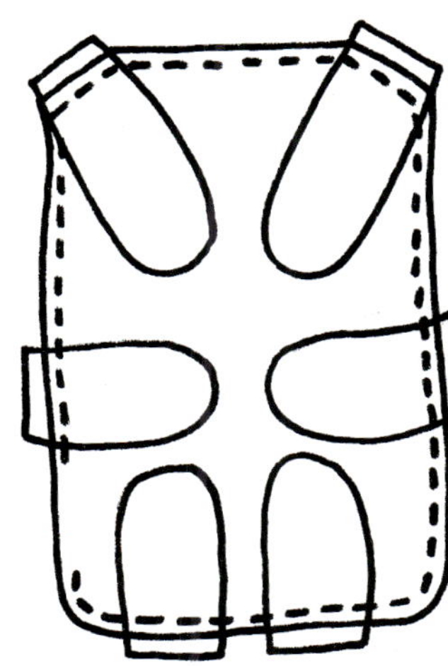

Aristide Le caribou

Pour réaliser soi-même son doudou, il faut :

- un coupon de tissu fourrure de 22 cm/20 cm pour la tête.
- un coupon de tissu imprimé de 16 cm/15 cm pour le corps.
- un coupon de tissu uni de 22 cm/35 cm pour le dos.
- un coupon de tissu de 14 cm/14 cm pour les oreilles.
- un morceau de feutre ou feutrine de 6 cm/5 cm pour le museau, un morceau de feutrine de 5 cm/5 cm pour la tache, un morceau de feutrine de 20 cm/10 cm pour les pattes et un morceau de feutrine blanche pour les yeux.
- de la ouate, du fil à broder de différentes couleurs, du fil à coudre, du rembourrage.
- une paire de ciseaux, une aiguille à coudre, une aiguille à broder.

1 - Reproduire le patron sur une feuille de papier et découper les différentes pièces. Prévoir 0,5 cm supplémentaire pour les coutures.

2 - Reporter et découper la tête sur le tissu fourrure et le bas du corps sur le tissu imprimé. Pour le dos, réunir les patrons de la tête et du bas du corps sur le tissu uni et découper.
Pour les oreilles, plier le tissu en 2, endroit contre endroit. Reporter et découper l'oreille 2 fois.
Sur les feutrines, reporter et découper 1 fois le museau, 4 fois la patte, 1 fois la tache et les 2 yeux.

3 - Montage du devant
Coudre ensemble la tête et le bas du corps à 0,5 cm du bord, tissus endroit contre endroit.

4 - Montage des élément
Coudre le museau et la tache au point arrière. Placer les yeux avec un point de nœud.

5 - Réalisation des oreilles
Superposer les 2 morceaux de tissu endroit contre endroit.
Coudre à 0,5 cm du bord en laissant une ouverture.
Cranter (à l'aide de ciseaux, couper des crans du bord du tissu à la couture) et retourner. Rembourrer.

6 - Montage du doudou
Superposer les 2 parties du corps endroit contre endroit. Glisser et épingler les pattes et les oreilles entre les 2 épaisseurs de tissu (schéma).
Coudre autour du corps (à 0,5 cm du bord) en laissant une ouverture sur le côté. Cranter les arrondis et retourner le corps sur l'endroit. Bourrer le doudou puis fermer à points glissés.

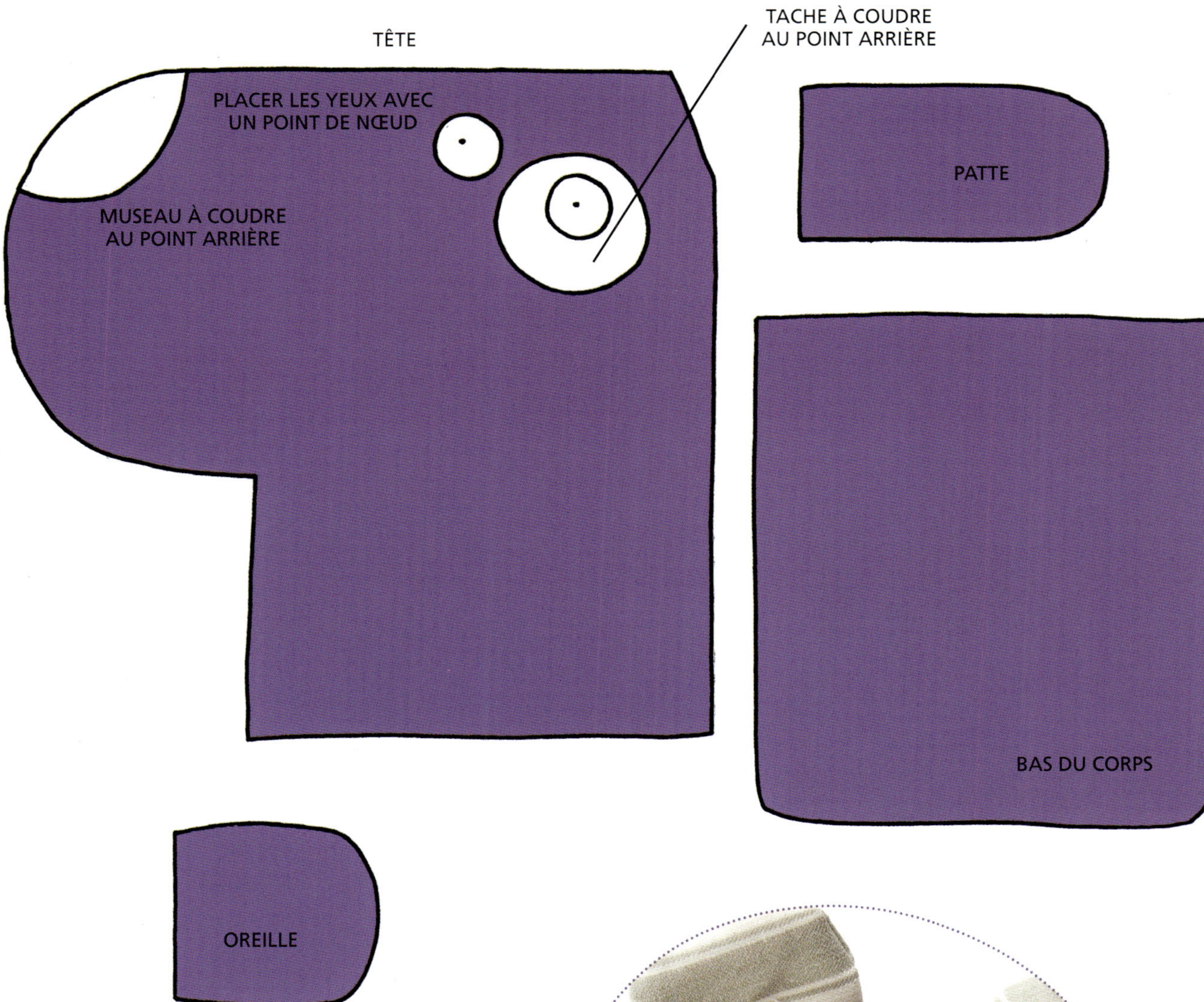
TÊTE
TACHE À COUDRE AU POINT ARRIÈRE
PLACER LES YEUX AVEC UN POINT DE NŒUD
MUSEAU À COUDRE AU POINT ARRIÈRE
PATTE
BAS DU CORPS
OREILLE

Ferdinand le chat

Bruno le Blaireau

Ferdinand le chat

Pour réaliser soi-même son doudou, il faut :

- un coupon de tissu de 15 cm/15 cm pour la tête.
- un coupon de tissu imprimé de 15 cm/12 cm pour le corps.
- un coupon de tissu uni de 15 cm/27 cm pour le dos.
- un coupon de tissu de 25 cm/25 cm pour les pattes.
- un morceau de feutre ou feutrine de 9 cm/6 cm pour le museau et un morceau de feutrine de 10 cm/7 cm pour les oreilles et un petit morceau de feutrine blanche pour les yeux.
- de la ouate, du fil à broder de différentes couleurs, du fil à coudre, du rembourrage.
- une paire de ciseaux, une aiguille à coudre, une aiguille à broder.

1 - Reproduire le patron sur une feuille de papier et découper les différentes pièces. Prévoir 0,5 cm supplémentaire pour les coutures.

2 - Reporter et découper la tête sur le tissu choisi et le bas du corps sur le tissu imprimé. Pour le dos, réunir les patrons de la tête et du bas du corps sur le tissu uni et découper.
Pour les pattes, plier le tissu en 2, endroit contre endroit. Reporter et découper la patte 4 fois. Sur les feutrines, reporter et découper 1 fois le museau, 2 fois l'oreille et les 2 yeux.

3 - Montage du devant
Coudre ensemble la tête et le bas du corps à 0,5 cm du bord, tissus endroit contre endroit.

4 - Montage des éléments
Coudre le museau au point arrière. Faire la bouche au point arrière, placer les yeux avec un point de nœud et faire 3 points de nœud de chaque côté du museau.

5 - Réalisation des pattes
Superposer les 2 morceaux de tissu endroit contre endroit.
Coudre à 0,5 cm du bord en laissant une ouverture.
Cranter (à l'aide de ciseaux, couper des crans du bord du tissu à la couture) et retourner. Rembourrer.

6 - Montage du doudou
Superposer les 2 parties du corps endroit contre endroit. Glisser et épingler les pattes et les oreilles entre les 2 épaisseurs de tissu (schéma).
Coudre autour du corps (à 0,5 cm du bord) en laissant une ouverture sur le côté. Cranter les arrondis et retourner le corps sur l'endroit. Bourrer le doudou puis fermer à points glissés.

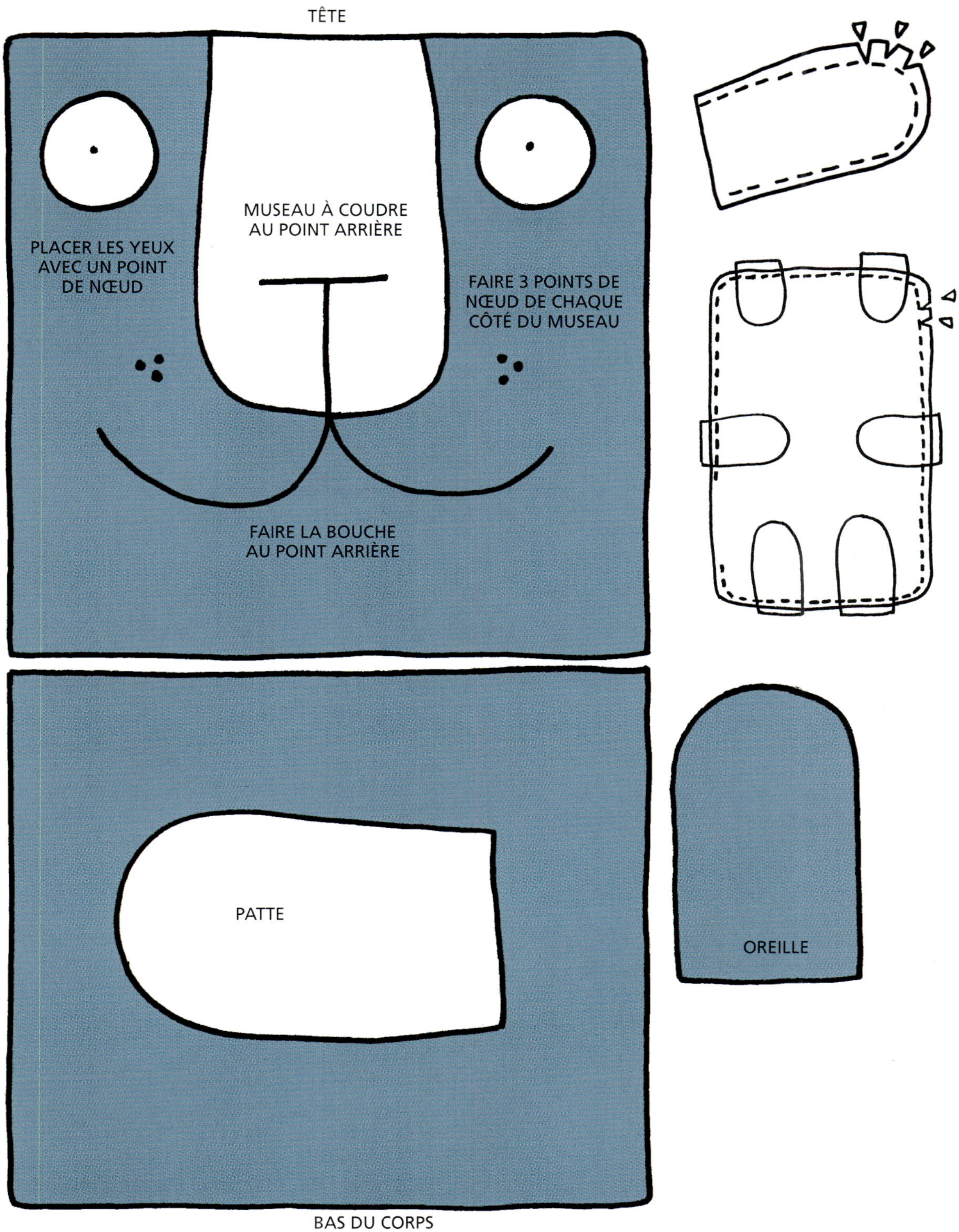
TÊTE
MUSEAU À COUDRE
AU POINT ARRIÈRE
PLACER LES YEUX
AVEC UN POINT
DE NŒUD
FAIRE 3 POINTS DE
NŒUD DE CHAQUE
CÔTÉ DU MUSEAU
FAIRE LA BOUCHE
AU POINT ARRIÈRE
PATTE
OREILLE
BAS DU CORPS

Bruno le Blaireau

Pour réaliser soi-même son doudou, il faut :

- un coupon de tissu de 20 cm/20 cm pour la tête.
- un coupon de tissu rayé de 20 cm/20 cm pour la queue.
- un coupon de tissu imprimé de 15 cm/18 cm pour le corps.
- un coupon de tissu uni de 30 cm/20 cm pour le dos.
- un coupon de tissu de 25 cm/25 cm pour les pattes.
- un morceau de feutre ou feutrine blanche de 14 cm/12 cm pour le masque et les yeux et un morceau de 10 cm/5 cm pour les oreilles.
- de la ouate, du fil à broder de différentes couleurs, du fil à coudre, du rembourrage, un pompon.
- une paire de ciseaux, une aiguille à coudre, une aiguille à broder.

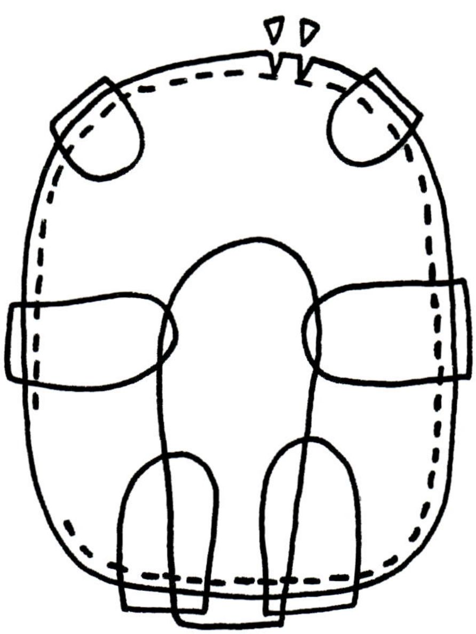

1 - Reproduire le patron sur une feuille de papier et découper les différentes pièces. Prévoir 0,5 cm supplémentaire pour les coutures.

2 - Reporter et découper la tête et 2 fois la queue sur les tissus choisis ainsi que le bas du corps sur le tissu imprimé. Pour le dos, réunir les patrons de la tête et du bas du corps sur le tissu uni et découper.
Pour les pattes, plier le tissu en 2, endroit contre endroit. Reporter et découper la patte 4 fois. Sur la feutrine, reporter et découper 1 fois le masque et les 2 yeux et 2 fois les oreilles. Sur un petit morceau de tissu, dessiner et découper une fleur.

3 - Montage du devant
Coudre ensemble la tête et le bas du corps à 0,5 cm du bord, tissus endroit contre endroit.

4 - Montage des éléments
Coudre le masque au point arrière. Fixer les yeux avec un point de nœud et coudre le pompon.

5 - Réalisation des pattes et de la queue
Superposer les 2 morceaux de tissu endroit contre endroit.
Coudre à 0,5 cm du bord en laissant une ouverture.
Cranter (à l'aide de ciseaux, couper des crans du bord du tissu à la couture) et retourner. Rembourrer.
Faire de même avec la queue.

6 - Montage du doudou
Superposer endroit contre endroit les 2 parties du corps. Glisser et épingler les pattes, les oreilles et la queue entre les 2 épaisseurs de tissu (schéma).
Coudre autour du corps (à 0,5 cm du bord) en laissant une ouverture sur le côté. Cranter les arrondis et retourner le corps sur l'endroit. Bourrer le doudou puis fermer à points glissés. Coudre la fleur.

TÊTE
MASQUE À COUDRE
AU POINT ARRIÈRE
FIXER LES YEUX AVEC
UN POINT DE NŒUD
EMPLACEMENT
DE LA FLEUR
PATTE
OREILLE
BAS DU CORPS
QUEUE

Adrien le chien

Marceau le petit Blaireau

Adrien le chien

Pour réaliser soi-même son doudou, il faut :

- un coupon de tissu de 15 cm/15 cm pour la tête.
- un coupon de tissu imprimé de 15 cm/12 cm pour le corps.
- un coupon de tissu uni de 15 cm/27 cm pour le dos.
- un coupon de tissu de 25 cm/25 cm pour les pattes.
- un coupon de tissu de 10 cm/12 cm pour les oreilles.
- un morceau de feutre ou feutrine de 4 cm/4 cm pour le museau et un morceau de feutrine de 14 cm/11 cm pour les taches.
-de la ouate, du fil à broder de différentes couleurs, du fil à coudre, du rembourrage, un pompon.
-une paire de ciseaux, une aiguille à coudre, une aiguille à broder.

1 - Reproduire le patron sur une feuille de papier et découper les différentes pièces. Prévoir 0,5 cm supplémentaire pour les coutures.

2 - Reporter et découper la tête sur le tissu choisi et le bas du corps sur le tissu imprimé. Pour le dos, réunir les patrons de la tête et du bas du corps sur le tissu uni et découper.
Pour les pattes, plier le tissu en 2, endroit contre endroit. Reporter et découper la patte 4 fois. Pour les oreilles, plier le tissu en 2, endroit contre endroit. Reporter et découper l'oreille 2 fois. Sur les feutrines, reporter et découper 1 fois le museau et les 2 taches.

3 - Montage du devant
Coudre ensemble la tête et le bas du corps à 0,5 cm du bord, tissus endroit contre endroit.

4 - Montage des éléments
Coudre le museau et les taches au point arrière. Faire les yeux avec un point de nœud et la bouche au point arrière. Coudre le pompon au bout du museau.

5 - Réalisation des pattes et des oreilles
Superposer les 2 morceaux de tissu endroit contre endroit.
Coudre à 0,5 cm du bord en laissant une ouverture.
Cranter (à l'aide de ciseaux, couper des crans du bord du tissu à la couture) et retourner. Rembourrer.
Faire de même avec les oreilles.

6 - Montage du doudou
Superposer les 2 parties du corps endroit contre endroit. Glisser et épingler les pattes et les oreilles entre les 2 épaisseurs de tissu (schéma).
Coudre autour du corps (à 0,5 cm du bord) en laissant une ouverture sur le côté. Cranter les arrondis et retourner le corps sur l'endroit. Bourrer le doudou puis fermer à points glissés.

TÊTE

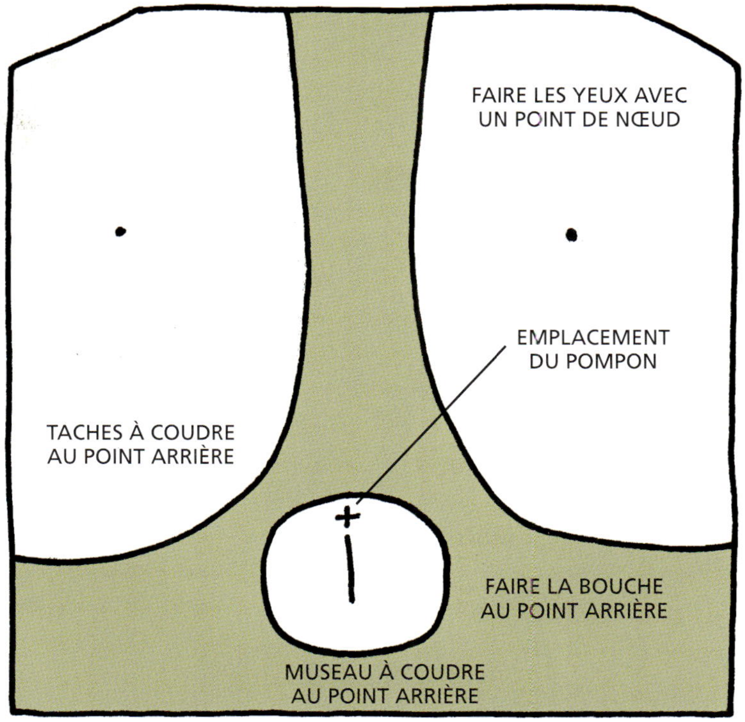

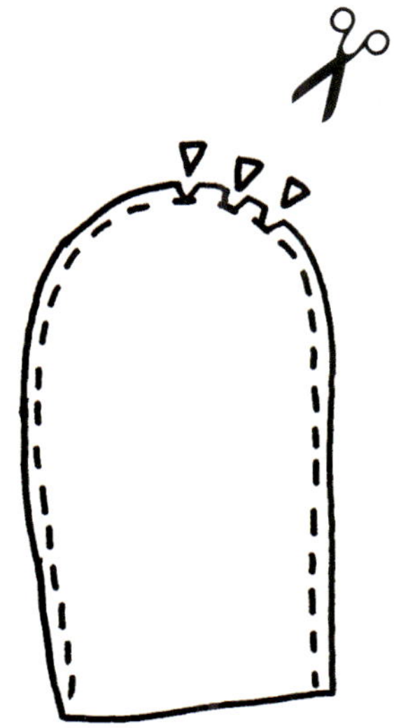

BAS DU CORPS

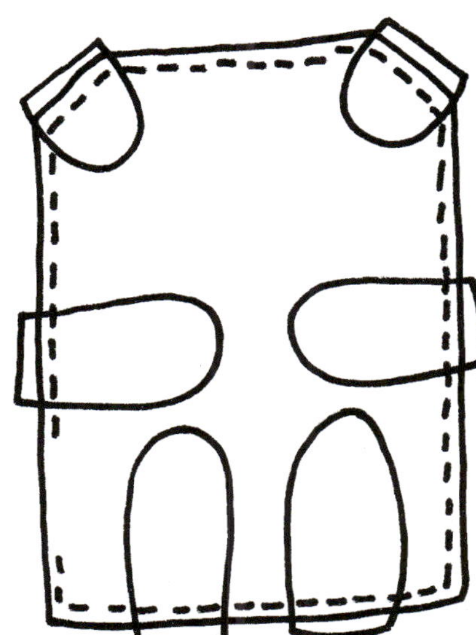

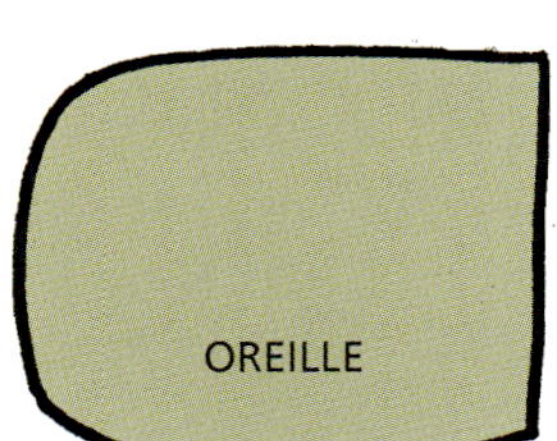

Marceau le petit blaireau

Pour réaliser soi-même son doudou, il faut :

- un coupon de tissu fourrure de 20 cm/20 cm pour la tête.
- un coupon de tissu rayé de 20 cm/20 cm pour la queue.
- un coupon de tissu imprimé de 15 cm/18 cm pour le corps.
- un coupon de tissu uni de 30 cm/20 cm pour le dos.
- un coupon de tissu de 25 cm/25 cm pour les pattes.
- un morceau de feutre ou feutrine blanche de 14 cm/12 cm pour le masque et les yeux et un morceau de 10 cm/5 cm pour les oreilles.
- de la ouate, du fil à broder de différentes couleurs, du fil à coudre, du rembourrage, un pompon.
- une paire de ciseaux, une aiguille à coudre, une aiguille à broder.

1 - Reproduire le patron sur une feuille de papier et découper les différentes pièces. Prévoir 0,5 cm supplémentaire pour les coutures.

2 - Reporter et découper la tête sur le tissu fourrure et 2 fois la queue sur le tissu rayé ainsi que le bas du corps sur le tissu imprimé. Pour le dos, réunir les patrons de la tête et du bas du corps sur le tissu uni et découper. Pour les pattes, plier le tissu en 2, endroit contre endroit. Reporter et découper la patte 4 fois. Sur la feutrine blanche, reporter et découper 1 fois le masque et les 2 yeux. Sur le deuxième morceau de feutrine, reporter et découper 2 fois les oreilles.

3 - Montage du devant
Coudre ensemble la tête et le bas du corps à 0,5 cm du bord, tissus endroit contre endroit.

4 - Montage des élément
Coudre le masque au point arrière. Placer les yeux avec un point de nœud et coudre le pompon.

5 - Réalisation des pattes et de la queue
Superposer les 2 morceaux de tissu endroit contre endroit.
Coudre à 0,5 cm du bord en laissant une ouverture.
Cranter (à l'aide de ciseaux, couper des crans du bord du tissu à la couture) et retourner. Rembourrer.
Faire de même avec la queue.

6 - Montage du doudou
Superposer endroit contre endroit les 2 parties du corps. Glisser et épingler les pattes, les oreilles et la queue entre les 2 épaisseurs de tissu (schéma).
Coudre autour du corps (à 0,5 cm du bord) en laissant une ouverture sur le côté. Cranter les arrondis et retourner le corps sur l'endroit. Bourrer le doudou puis fermer à points glissés.

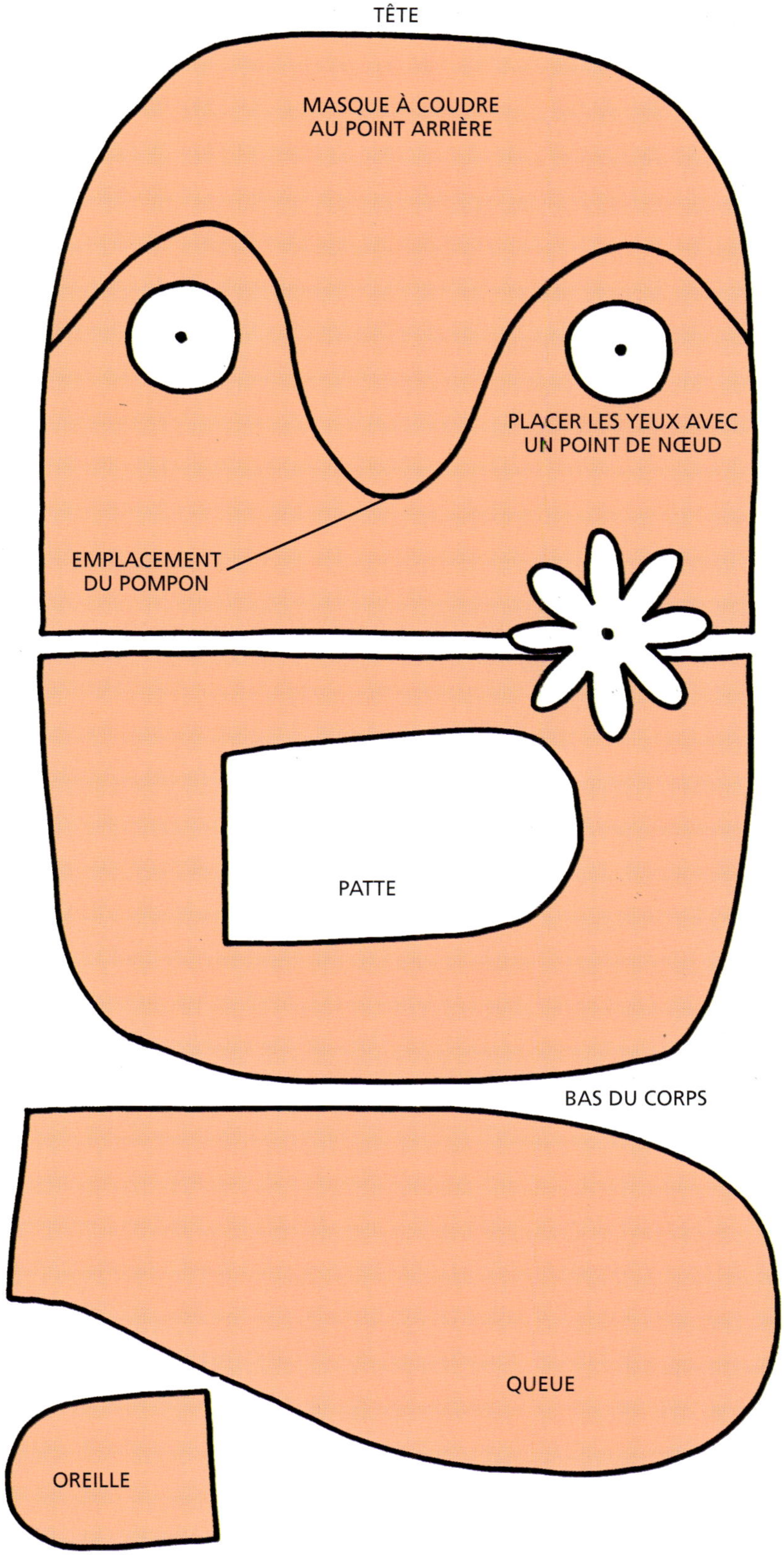
TÊTE
MASQUE À COUDRE
AU POINT ARRIÈRE
PLACER LES YEUX AVEC
UN POINT DE NŒUD
EMPLACEMENT
DU POMPON
PATTE
BAS DU CORPS
QUEUE
OREILLE

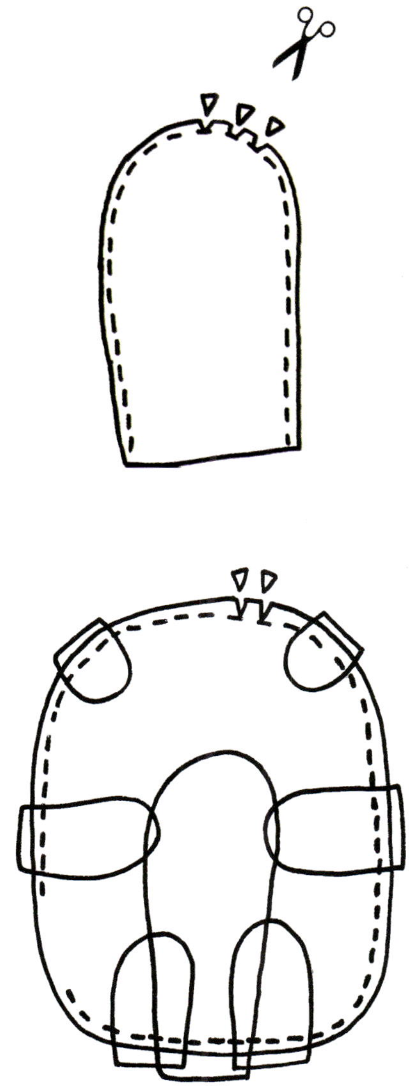

LUCAS
Le grand koala

Margotte la cocotte

LUCAS LE GRAND KOALA

Pour réaliser soi-même son doudou, il faut :

- un coupon de tissu de 15 cm/9 cm pour la tête.
- un coupon de tissu imprimé de 15 cm/10 cm pour le corps.
- un coupon de tissu fourrure de 14 cm/14 cm pour les oreilles.
- un coupon de tissu de 25 cm/25 cm pour les pattes.
- un coupon de tissu uni de 15 cm/19 cm pour le dos.
- un morceau de feutre ou feutrine blanche de 3 cm/6 cm pour les yeux.
- un morceau de feutre ou feutrine de 4 cm/6 cm pour le nez.
- de la ouate, du fil à broder de différentes couleurs, du fil à coudre, du rembourrage.
- une paire de ciseaux, une aiguille à coudre, une aiguille à broder.

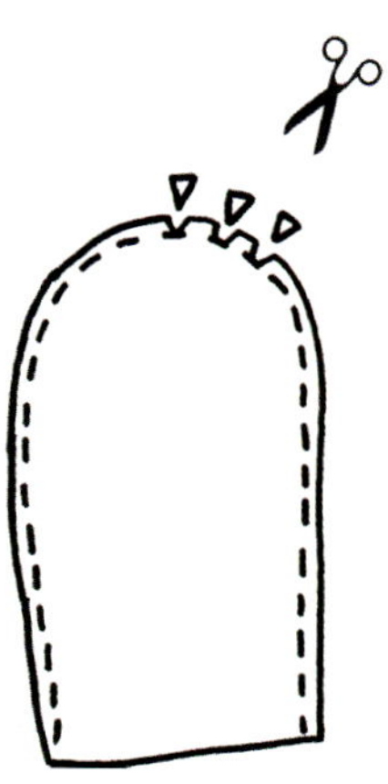

1 - Reproduire le patron sur une feuille de papier et découper les différentes pièces. Prévoir 0,5 cm supplémentaire pour les coutures.

2 - Reporter et découper la tête sur le tissu choisi et le bas du corps sur le tissu imprimé. Pour le dos, réunir les patrons de la tête et du bas du corps sur le tissu uni et découper.
Pour les pattes, plier le tissu en 2, endroit contre endroit. Reporter et découper la patte 4 fois.
Pour les oreilles, plier le tissu en 2, endroit contre endroit. Reporter et découper l'oreille 2 fois. Sur la feutrine choisie, reporter et découper 1 fois le nez. Sur la feutrine blanche, reporter et découper 2 fois les yeux.

3 - Montage du devant
Coudre ensemble la tête et le bas du corps à 0,5 cm du bord, tissus endroit contre endroit.

4 - Montage des éléments
Coudre le nez au point arrière. Fixer les yeux avec un point de nœud.

5 - Réalisation des pattes et des oreilles
Superposer les 2 morceaux de tissu endroit contre endroit.
Coudre à 0,5 cm du bord en laissant une ouverture.
Cranter (à l'aide de ciseaux, couper des crans du bord du tissu à la couture) et retourner. Rembourrer.
Faire de même avec les oreilles.

6 - Montage du doudou
Superposer endroit contre endroit les 2 parties du corps. Glisser et épingler les pattes et les oreilles entre les 2 épaisseurs de tissu (schéma).
Coudre autour du corps (à 0,5 cm du bord) en laissant une ouverture sur le côté. Cranter les arrondis et retourner le corps sur l'endroit. Bourrer le doudou puis fermer à points glissés.

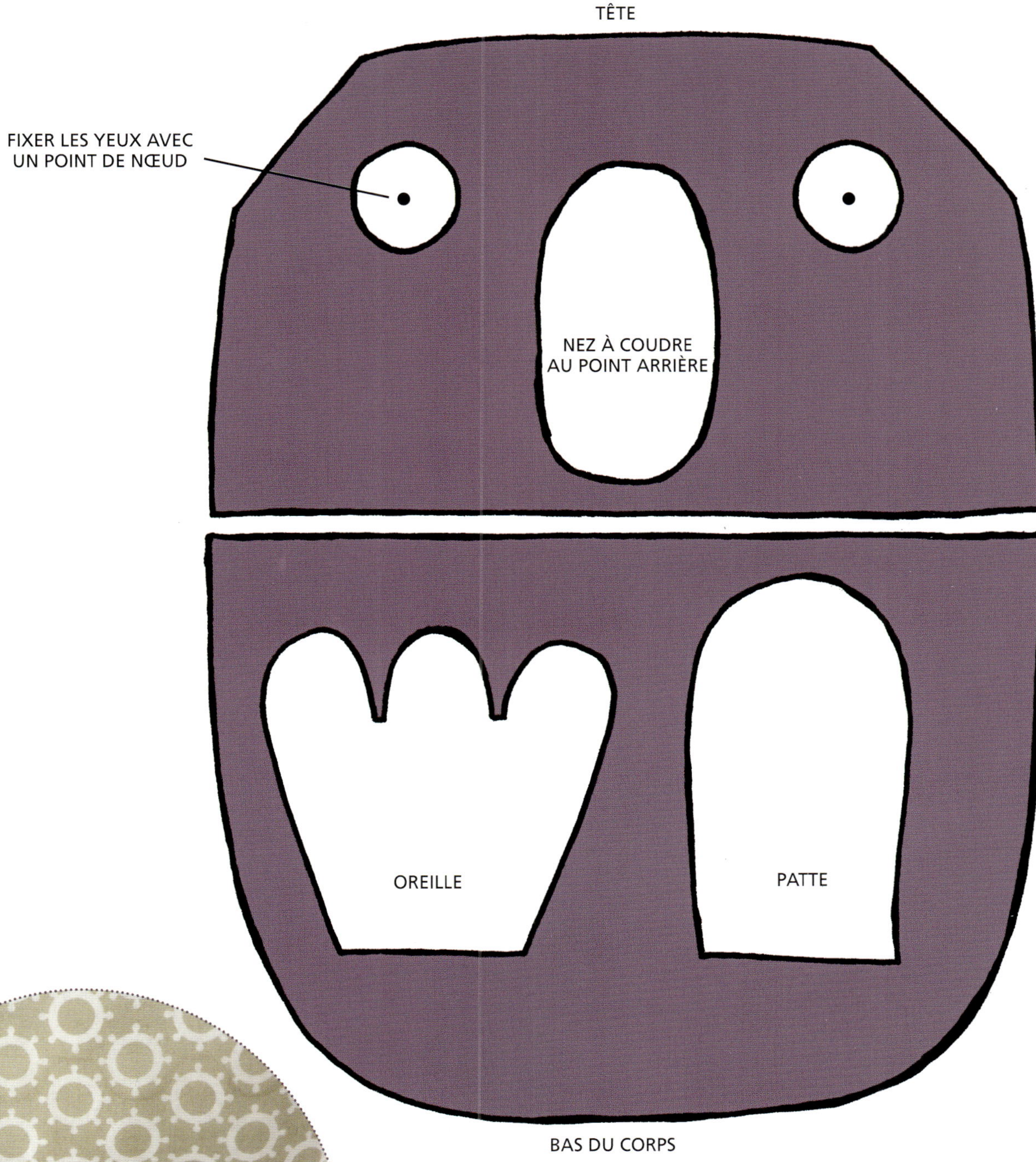
TÊTE
FIXER LES YEUX AVEC
UN POINT DE NŒUD
NEZ À COUDRE
AU POINT ARRIÈRE
OREILLE
PATTE
BAS DU CORPS

Margotte la cocotte

Pour réaliser soi-même son doudou, il faut :

- un coupon de tissu de 19 cm/16 cm pour la tête.
- un coupon de tissu imprimé de 16 cm/10 cm pour le corps.
- un coupon de tissu uni de 16 cm/27 cm pour le dos.
- un coupon de tissu de 25 cm/14 cm pour les ailes.
- un coupon de tissu de 12 cm/6 cm pour la crête.
- un morceau de feutre ou feutrine de 15 cm/10 cm pour le bec et les pattes.
- de la ouate, du fil à broder de différentes couleurs, du fil à coudre, du rembourrage, des fleurs en feutrine.
- une paire de ciseaux, une aiguille à coudre, une aiguille à broder.

1 - Reproduire le patron sur une feuille de papier et découper les différentes pièces. Prévoir 0,5 cm supplémentaire pour les coutures.

2 - Reporter et découper les 2 parties de la tête sur le tissu choisi et le bas du corps sur le tissu imprimé. Pour le dos, réunir les patrons de la tête et du bas du corps sur le tissu uni et découper.
Pour les ailes et la crête, plier les tissus en 2, endroit contre endroit. Reporter et découper l'aile 2 fois et la crête 1 fois. Sur la feutrine, reporter et découper le bec et la patte 2 fois.

3 - Montage du bec
Superposer les 2 morceaux de feutrine.
Coudre au point levé tout autour. Rembourrer légèrement le bec.

4- Montage du devant
Superposer les 2 parties de la tête (tissu endroit contre endroit), glisser le bec et coudre à 0,5 cm du bord.
Coudre ensemble la tête et le bas du corps à 0,5 cm du bord, tissus endroit contre endroit.

5 - Montage des éléments
Faire les yeux au point arrière. Placer les fleurs avec un point lancé.

6 - Réalisation des ailes et de la crête
Superposer les 2 morceaux de tissu endroit contre endroit.
Coudre à 0,5 cm du bord en laissant une ouverture.
Cranter (à l'aide de ciseaux, couper des crans du bord du tissu à la couture) et retourner. Rembourrer. Faire de même avec la crête.

7 - Montage du doudou
Superposer endroit contre endroit les 2 parties du corps. Glisser et épingler les pattes, la crête et les ailes entre les 2 épaisseurs de tissu (schéma).
Coudre autour du corps (à 0,5 cm du bord) en laissant une ouverture sur le côté. Cranter les arrondis et retourner le corps sur l'endroit. Bourrer le doudou puis fermer à points glissés.

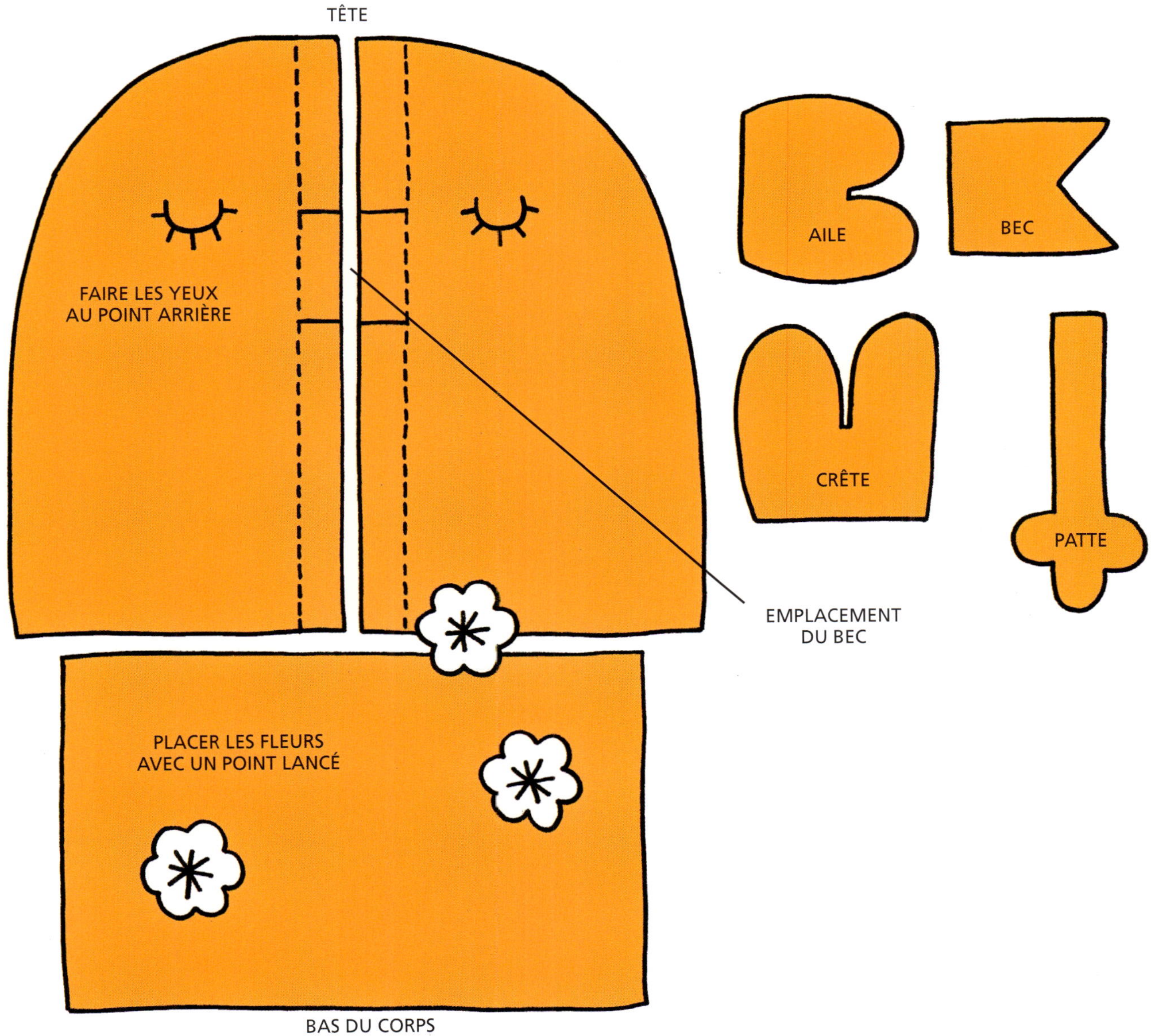
TÊTE
FAIRE LES YEUX
AU POINT ARRIÈRE
AILE
BEC
CRÊTE
PATTE
EMPLACEMENT
DU BEC
PLACER LES FLEURS
AVEC UN POINT LANCÉ
BAS DU CORPS

Hippolyte le Mulet

Jules le grizzli

Hippolyte le Mulet

Pour réaliser soi-même son doudou il faut

- un coupon de tissu fourrure de 15 cm/15 cm pour la tête.
- un coupon de tissu imprimé de 15 cm/12 cm pour le corps.
- un coupon de tissu uni de 15 cm/27 cm pour le dos.
- un coupon de tissu de 25 cm/25 cm pour les pattes.

- un morceau de feutre ou feutrine de 12 cm/6 cm pour le museau et un morceau de feutrine de 10 cm/7 cm pour les oreilles et un petit morceau de feutrine blanche pour les yeux.
- de la ouate, du fil à broder de différentes couleurs, du fil à coudre, du rembourrage, des boutons.
- une paire de ciseaux, une aiguille à coudre, une aiguille à broder.

1 - Reproduire le patron sur une feuille de papier et découper les différentes pièces. Prévoir 0,5 cm supplémentaire pour les coutures.

2 - Reporter et découper la tête sur le tissu fourrure et le bas du corps sur le tissu imprimé. Pour le dos, réunir les patrons de la tête et du bas du corps sur le tissu uni et découper.
Pour les pattes, plier le tissu en 2, endroit contre endroit. Reporter et découper la patte 4 fois. Sur les feutrines, reporter et découper 1 fois le museau, 2 fois l'oreille et les 2 yeux.

3 - Montage du devant
Coudre ensemble la tête et le bas du corps à 0,5 cm du bord, tissus endroit contre endroit.

4 - Montage des éléments
Coudre le museau au point arrière. Faire la bouche au point arrière. Fixer les yeux avec un point de nœud et coudre les boutons.

5 - Réalisation des pattes
Superposer les 2 morceaux de tissu endroit contre endroit.
Coudre à 0,5 cm du bord en laissant une ouverture.
Cranter (à l'aide de ciseaux, couper des crans du bord du tissu à la couture) et retourner. Rembourrer.

6 - Montage du doudou
Superposer endroit contre endroit les 2 parties du corps. Glisser et épingler les pattes et les oreilles entre les 2 épaisseurs de tissu (schéma).
Coudre autour du corps (0,5 cm du bord) en laissant une ouverture sur le côté. Cranter les arrondis et retourner le corps sur l'endroit. Bourrer le doudou puis fermer à points glissés.

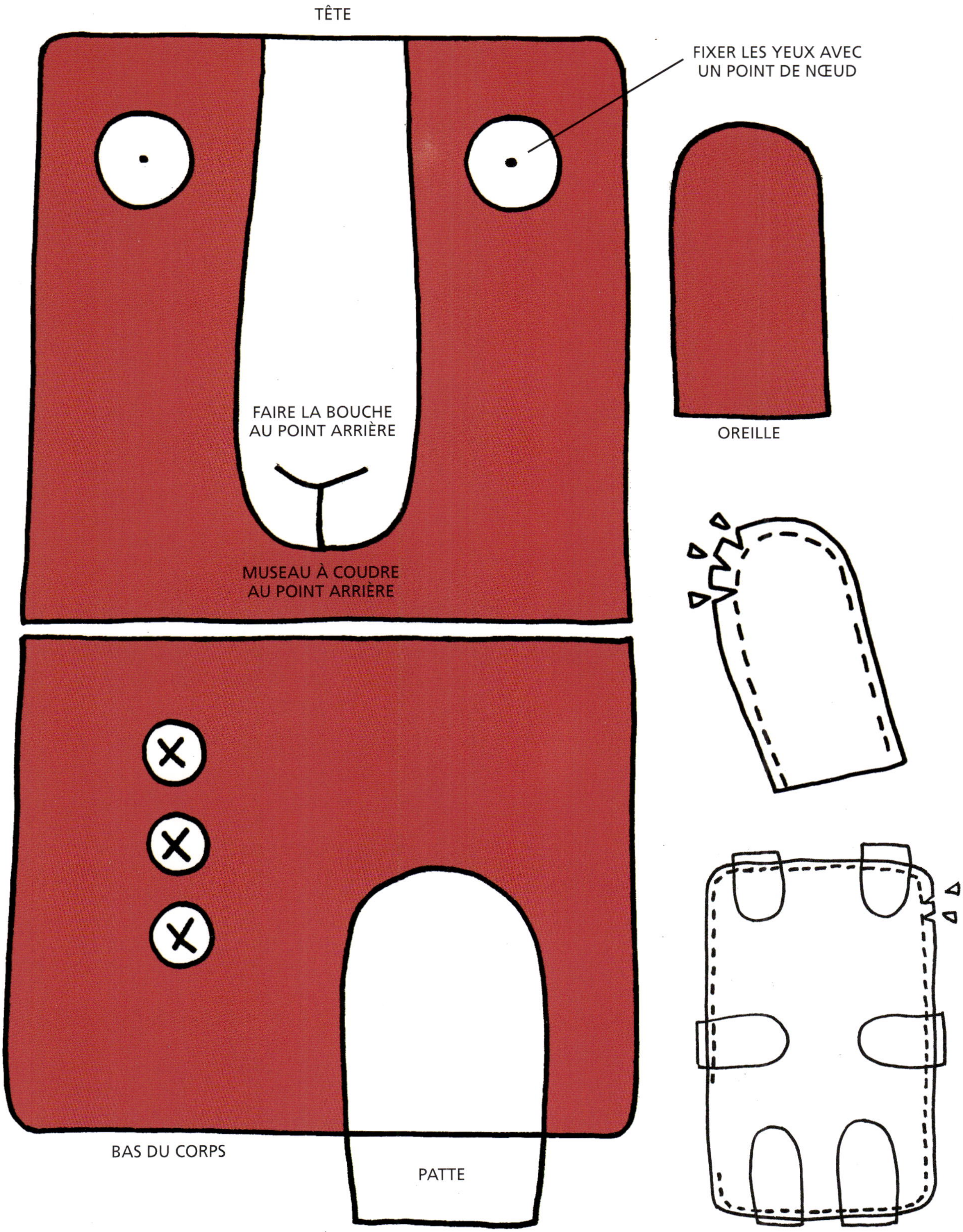
TÊTE
FIXER LES YEUX AVEC UN POINT DE NŒUD
FAIRE LA BOUCHE AU POINT ARRIÈRE
MUSEAU À COUDRE AU POINT ARRIÈRE
OREILLE
BAS DU CORPS
PATTE

Jules le grizzli

Pour réaliser soi-même son doudou, il faut :

- un coupon de tissu fourrure brune de 20 cm/14 cm pour la tête.
- un coupon de tissu imprimé de 13 cm/14 cm pour le corps.
- un coupon de tissu uni de 20 cm/26 cm pour le dos.
- un coupon de tissu de 25 cm/25 cm pour les pattes.
- un morceau de feutre ou feutrine de 8 cm/7 cm pour le museau et de la feutrine blanche pour les yeux.
- de la ouate, du fil à broder de différentes couleurs, du fil à coudre, du rembourrage, un pompon.
- une paire de ciseaux, une aiguille à coudre, une aiguille à broder.

1 - Reproduire le patron sur une feuille de papier et découper les différentes pièces. Prévoir 0,5 cm supplémentaire pour les coutures.

2 - Reporter et découper la tête sur le tissu fourrure brune et le bas du corps sur le tissu imprimé. Pour le dos, réunir les patrons de la tête et du bas du corps sur le tissu uni et découper.
Pour les pattes, plier le tissu en 2, endroit contre endroit. Reporter et découper la patte 4 fois. Sur les feutrines, reporter et découper 1 fois le museau et 2 fois les yeux.

3 - Montage du devant
Coudre ensemble la tête et le bas du corps à 0,5 cm du bord, tissus endroit contre endroit.

4 - Montage des éléments
Coudre le museau au point arrière. Fixer les yeux avec un point de nœud. Placer le pompon au bout du museau. Faire la bouche au point arrière.

5 - Réalisation des pattes
Superposer les 2 morceaux de tissu endroit contre endroit.
Coudre à 0,5 cm du bord en laissant une ouverture.
Cranter (à l'aide de ciseaux, couper des crans du bord du tissu à la couture) et retourner. Rembourrer.

6 - Montage du doudou
Superposer les 2 parties du corps endroit contre endroit. Glisser et épingler les pattes entre les 2 épaisseurs de tissu (schéma).
Coudre autour du corps (à 0,5 cm du bord) en laissant une ouverture sur le côté. Cranter les arrondis et retourner le corps sur l'endroit. Bourrer le doudou puis fermer à points glissés.

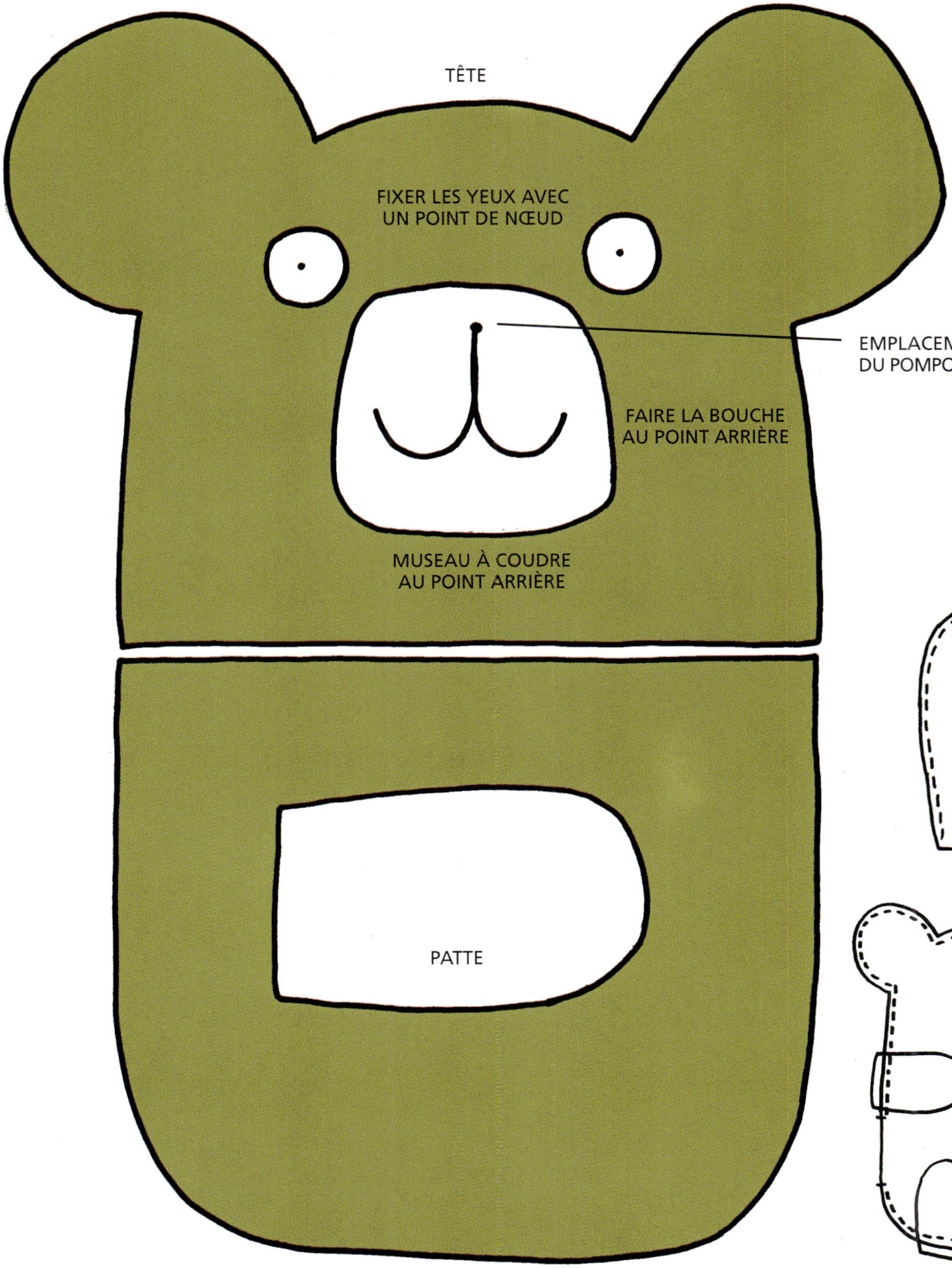
TÊTE
FIXER LES YEUX AVEC
UN POINT DE NŒUD
EMPLACEMENT
DU POMPON
FAIRE LA BOUCHE
AU POINT ARRIÈRE
MUSEAU À COUDRE
AU POINT ARRIÈRE
PATTE
BAS DU CORPS

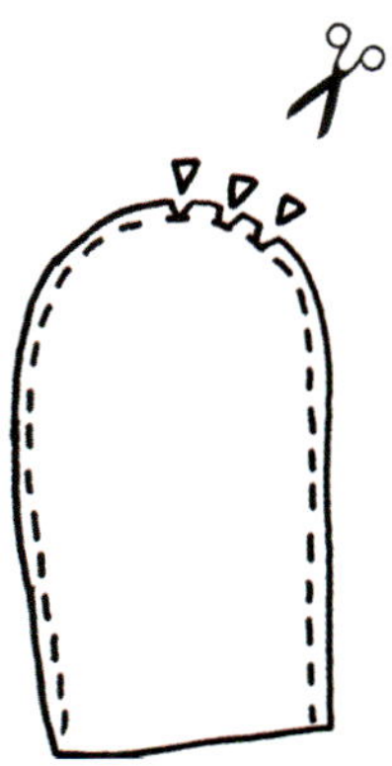

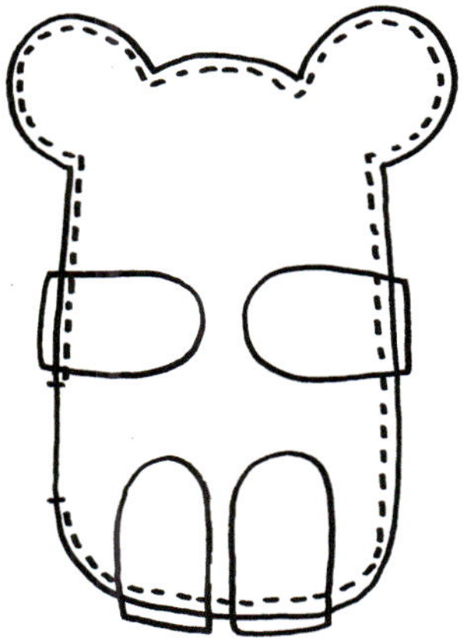

Léon le mouton

Achille la gerbille

Léon le Mouton

Pour réaliser soi-même son doudou, il faut :

- un coupon de tissu lainage de 15 cm/15 cm pour la tête, et de 18 cm/9 cm pour les oreilles.
- un coupon de tissu imprimé de 15 cm/12 cm pour le corps.
- un coupon de tissu uni de 15 cm/27 cm pour le dos, et 18 cm/9 cm pour les oreilles.
- un coupon de tissu de 25 cm/30 cm pour les pattes.
- un coupon de tissu de 30 cm/10 cm pour l'écharpe.
- un morceau de feutre ou feutrine de 9 cm/9 cm pour le museau et de la feutrine blanche pour les yeux.
- de la ouate, du fil à broder de différentes couleurs, du fil à coudre, du rembourrage.
- une paire de ciseaux, une aiguille à coudre, une aiguille à broder.

1 - Reproduire le patron sur une feuille de papier et découper les différentes pièces. Prévoir 0,5 cm supplémentaire pour les coutures.

2 - Reporter et découper la tête sur le tissu lainage et le bas du corps sur le tissu imprimé. Pour le dos, réunir les patrons de la tête et du bas du corps sur le tissu uni et découper. Pour les pattes et les oreilles, plier le tissu en 2, endroit contre endroit. Reporter et découper la grande patte 2 fois, la petite patte 2 fois et l'oreille 2 fois. Sur les feutrines, reporter et découper 1 fois le museau et 2 fois les yeux.

3 - Montage du devant
Coudre ensemble la tête et le bas du corps à 0,5 cm du bord, tissus endroit contre endroit.

4 - Montage des éléments
Coudre le masque au point arrière. Faire la bouche au point arrière. Fixer les yeux avec un point de nœud et placer le pompon au bout du museau.

5 - Réalisation des pattes
Superposer les 2 morceaux de tissu endroit contre endroit.
Coudre à 0,5 cm du bord en laissant une ouverture. Cranter (à l'aide de ciseaux, couper des crans du bord du tissu à la couture) et retourner. Rembourrer.

6 - Réalisation des oreilles
Superposer un morceau de lainage avec un morceau de tissu uni endroit contre endroit. Coudre à 0,5 cm du bord en laissant une ouverture. Cranter et retourner.

7 - Montage du doudou
Superposer endroit contre endroit les 2 parties du corps. Glisser et épingler les pattes et les oreilles entre les 2 épaisseurs de tissu (schéma). Coudre autour du corps (à 0,5 cm du bord) en laissant une ouverture sur le côté. Cranter les arrondis et retourner le corps sur l'endroit. Bourrer le doudou puis fermer à points glissés. Nouer l'écharpe.

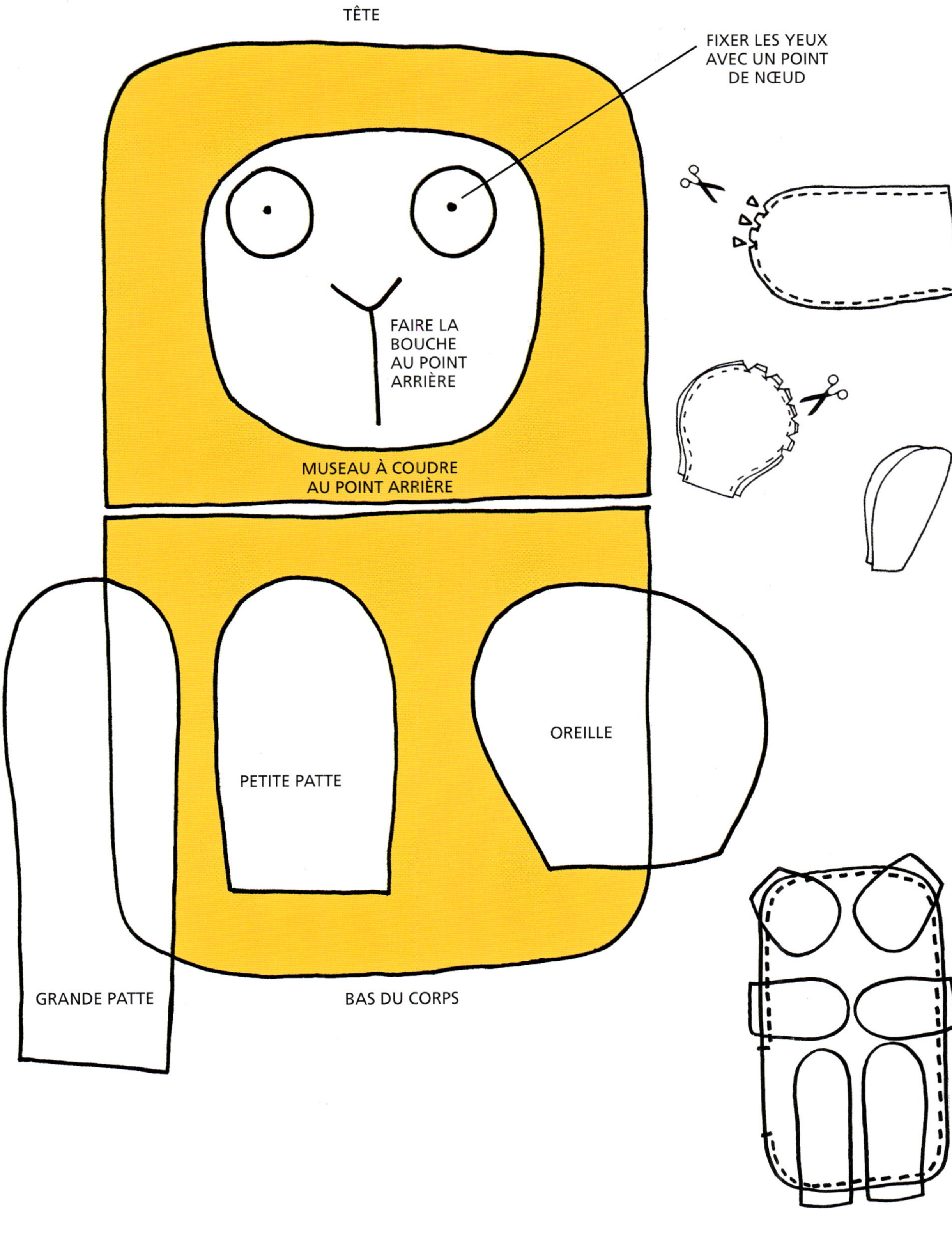
TÊTE
FIXER LES YEUX AVEC UN POINT DE NŒUD
FAIRE LA BOUCHE AU POINT ARRIÈRE
MUSEAU À COUDRE AU POINT ARRIÈRE
OREILLE
PETITE PATTE
GRANDE PATTE
BAS DU CORPS

Achille la gerbille

Pour réaliser soi-même son doudou, il faut :

- un coupon de tissu de 15 cm/15 cm pour la tête.
- un coupon de tissu imprimé de 15 cm/12 cm pour le corps.
- un coupon de tissu uni de 15 cm/27 cm pour le dos.
- un coupon de tissu de 25 cm/25 cm pour les pattes.
- un coupon de tissu de 30 cm/5 cm pour l'écharpe.
- un morceau de feutre ou feutrine de 5 cm/5 cm pour la tache, un morceau de feutrine de 10 cm/8 cm pour les oreilles et un petit morceau de feutrine blanche pour les yeux.
- de la ouate, du fil à broder de différentes couleurs, du fil à coudre, du rembourrage.
- une paire de ciseaux, une aiguille à coudre, une aiguille à broder.

1 - Reproduire le patron sur une feuille de papier et découper les différentes pièces. Prévoir 0,5 cm supplémentaire pour les coutures.

2 - Reporter et découper la tête sur le tissu choisi et le bas du corps sur le tissu imprimé. Pour le dos, réunir les patrons de la tête et du bas du corps sur le tissu uni et découper.
Pour les pattes, plier le tissu en 2, endroit contre endroit. Reporter et découper la patte 4 fois.
Sur les feutrines, reporter et découper 1 fois la tache, 2 fois l'oreille et les 2 yeux.

3 - Montage du devant
Coudre ensemble la tête et le bas du corps à 0,5 cm du bord, tissus endroit contre endroit.

4 - Montage des éléments
Coudre la tache au point arrière. Fixer les yeux avec un point de nœud et coudre le pompon.

5 - Réalisation des pattes
Superposer les 2 morceaux de tissu endroit contre endroit.
Coudre à 0,5 cm du bord en laissant une ouverture.
Cranter (à l'aide de ciseaux, couper des crans du bord du tissu à la couture) et retourner. Rembourrer.

6 - Montage du doudou
Superposer endroit contre endroit les 2 parties du corps. Glisser et épingler les pattes et les oreilles entre les 2 épaisseurs de tissu (schéma).
Coudre autour du corps (à 0,5 cm du bord) en laissant une ouverture sur le côté. Cranter les arrondis et retourner le corps sur l'endroit. Bourrer le doudou puis fermer à points glissés. Nouer l'écharpe.

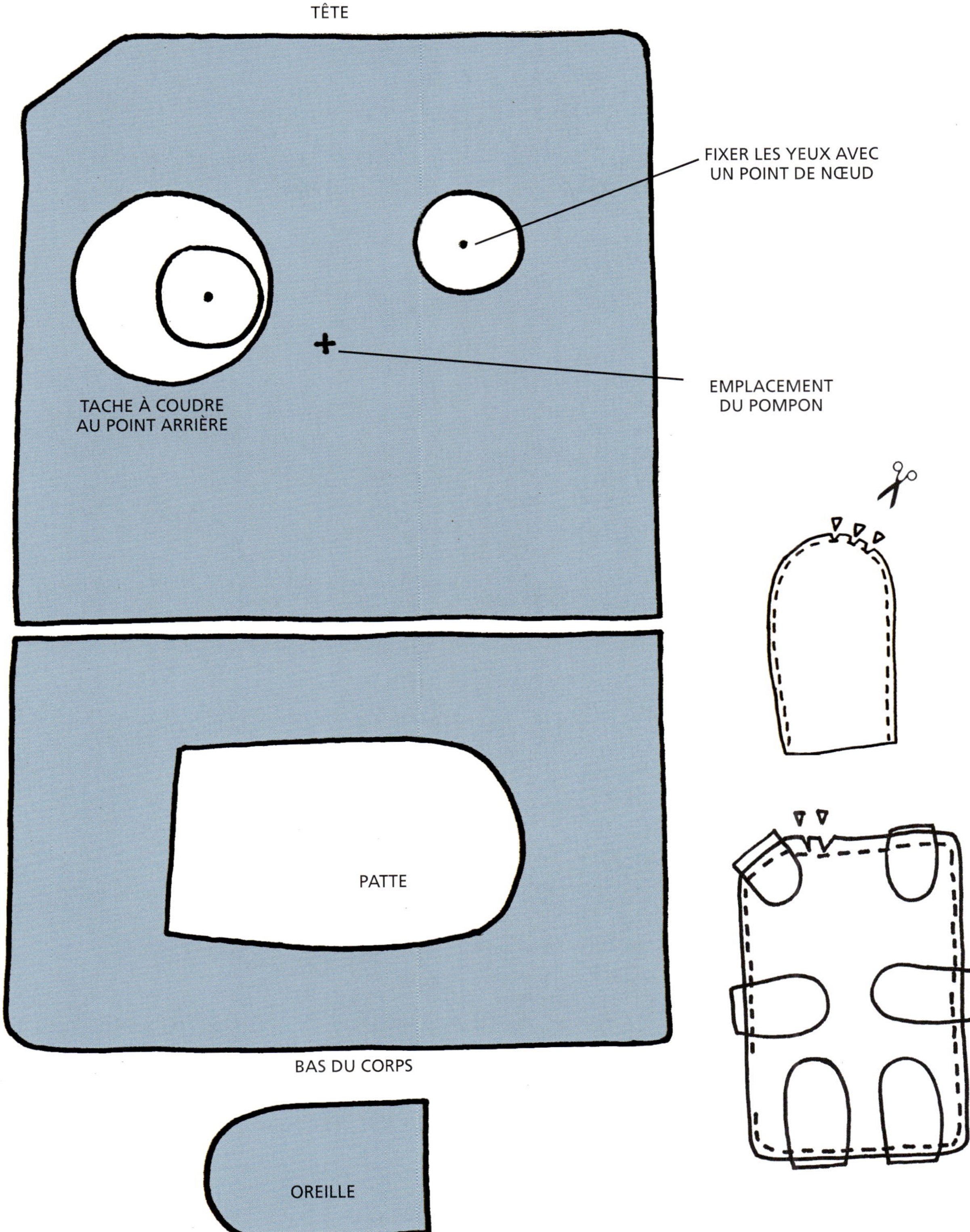

TÊTE
FIXER LES YEUX AVEC
UN POINT DE NŒUD
TACHE À COUDRE
AU POINT ARRIÈRE
EMPLACEMENT
DU POMPON
PATTE
BAS DU CORPS
OREILLE

PHILÉAS LE LAPIN

PHILOMÈNE LA LAPINE

Philéas et Philomène le lapin, la lapine

Pour réaliser soi-même son doudou, il faut :

- un coupon de tissu imprimé de 20 cm/30 cm pour le devant.
- un coupon de tissu uni de 20 cm/30 cm pour le dos.
- un coupon de tissu imprimé de 30 cm/8 cm pour l'écharpe.
- un morceau de feutre ou feutrine blanche pour les yeux.
- de la ouate, du fil à broder, du fil à coudre, du rembourrage, un pompon.
- une paire de ciseaux, une aiguille à coudre, une aiguille à broder.

1 - Reproduire le patron sur une feuille de papier et découper les différentes pièces. Prévoir 0,5 cm supplémentaire pour les coutures.

2 - Reporter et découper le devant sur le tissu imprimé et le dos sur le tissu uni.
Sur la feutrine, reporter et découper les yeux.

3 - Montage des éléments
Placer les yeux avec un point de nœud et coudre le pompon.

4 - Montage du doudou
Superposer les 2 parties du corps endroit contre endroit.
Coudre autour du corps (à 0,5 cm du bord) en laissant une ouverture sur le côté. Cranter les arrondis et retourner le corps sur l'endroit. Bourrer le doudou puis fermer à points glissés. Nouer l'écharpe.

FIXER LES YEUX AVEC
UN POINT DE NŒUD
EMPLACEMENT
DU POMPON

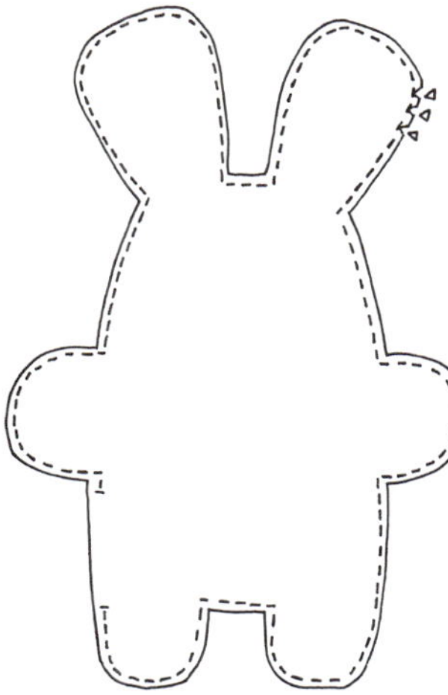

PLACIDE LE CASTOR

Lucien le chiot

Placide le castor

Pour réaliser soi-même son doudou, il faut :

- un coupon de tissu fourrure de 20 cm/20 cm pour la tête et un coupon de 20 cm/20 cm pour la queue.
- un coupon de tissu imprimé de 15 cm/18 cm pour le corps.
- un coupon de tissu uni de 30 cm/20 cm pour le dos.
- un coupon de tissu de 25 cm/25 cm pour les pattes.
- un morceau de feutre ou feutrine beige de 14 cm/12 cm pour le masque et blanche pour les yeux et un morceau de feutrine grise de 10 cm/5 cm pour les oreilles.
- de la ouate, du fil à broder de différentes couleurs, du fil à coudre, du rembourrage, un pompon.
- une paire de ciseaux, une aiguille à coudre, une aiguille à broder.

1 - Reproduire le patron sur une feuille de papier et découper les différentes pièces. Prévoir 0,5 cm supplémentaire pour les coutures.

2 - Reporter et découper la tête et 2 fois la queue sur le tissu fourrure ainsi que le bas du corps sur le tissu imprimé. Pour le dos, réunir les patrons de la tête et du bas du corps sur le tissu uni et découper.
Pour les pattes, plier le tissu en 2, endroit contre endroit. Reporter et découper la patte 4 fois. Sur la feutrine beige, reporter et découper le masque 1 fois. Sur la feutrine blanche, reporter et découper les 2 yeux et sur la feutrine grise, 2 fois les oreilles.

3 - Montage du devant
Coudre ensemble la tête et le bas du corps à 0,5 cm du bord, tissus endroit contre endroit.

4 - Montage des éléments
Coudre le masque au point arrière. Fixer les yeux avec un point de nœud et coudre le pompon.

5 - Réalisation des pattes et de la queue
Superposer les 2 morceaux de tissu endroit contre endroit.
Coudre à 0,5 cm du bord en laissant une ouverture.
Cranter (à l'aide de ciseaux, couper des crans du bord du tissu à la couture) et retourner. Rembourrer.
Faire de même avec la queue.

6 - Montage du doudou
Superposer les 2 parties du corps endroit contre endroit. Glisser et épingler les pattes, les oreilles et la queue entre les 2 épaisseurs de tissu (schéma).
Coudre autour du corps (à 0,5 cm du bord) en laissant une ouverture sur le côté. Cranter les arrondis et retourner le corps sur l'endroit. Bourrer le doudou puis fermer à points glissés.

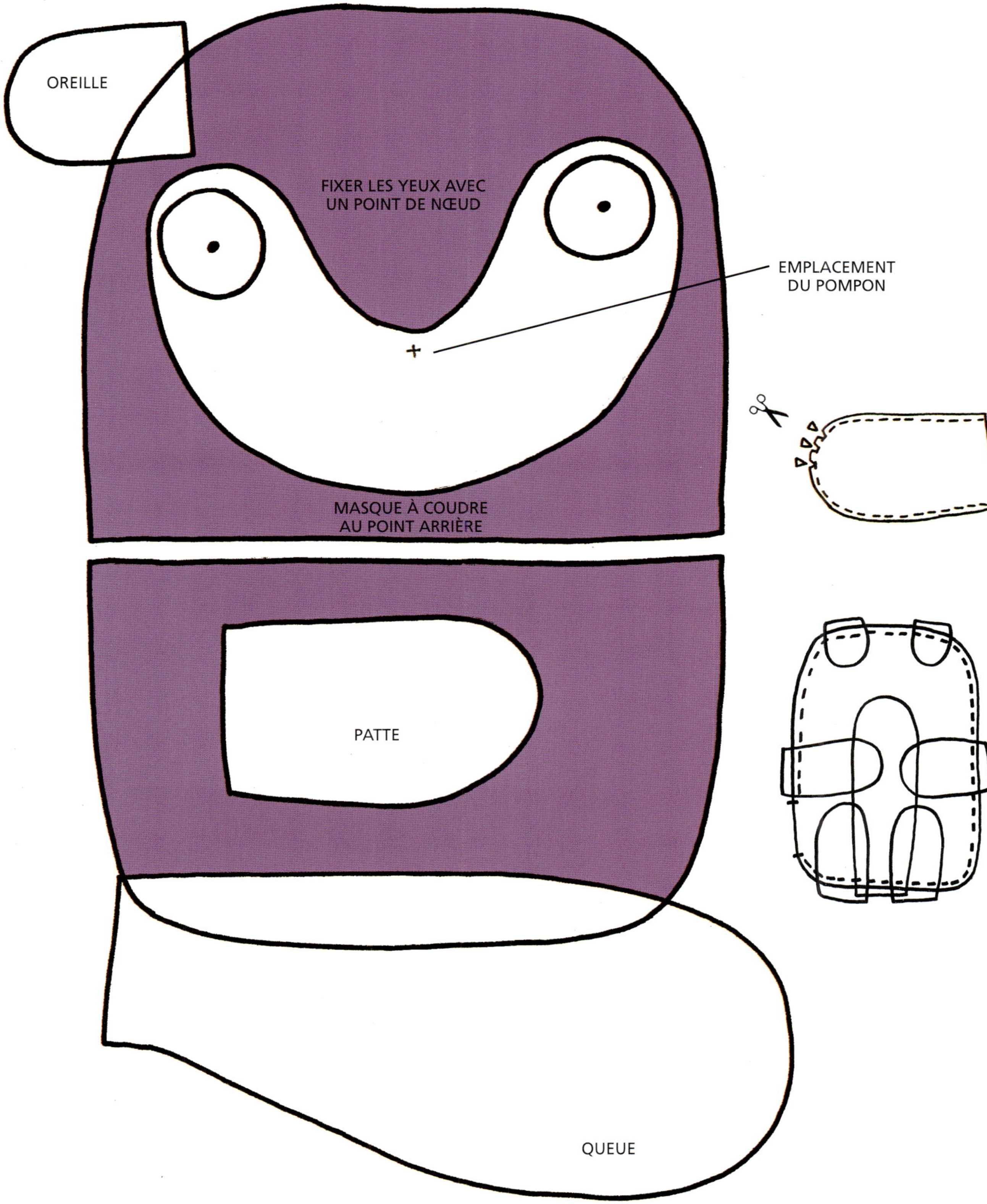

OREILLE
FIXER LES YEUX AVEC UN POINT DE NŒUD
EMPLACEMENT DU POMPON
MASQUE À COUDRE AU POINT ARRIÈRE
PATTE
QUEUE

Lucien le chiot

Pour réaliser soi-même son doudou, il faut :

- un coupon de tissu de 10 cm/10 cm pour la tête.
- un coupon de tissu imprimé de 10 cm/10 cm pour le corps.
- un coupon de tissu uni de 20 cm/10 cm pour le dos.
- un coupon de tissu de 20 cm/20 cm pour les pattes.
- un morceau de feutre ou feutrine de 5cm/5 cm pour le museau, un morceau de feutrine de 10 cm/5 cm pour les oreilles et quelques morceaux de feutrine blanche pour les yeux.
- de la ouate, du fil à broder de différentes couleurs, du fil à coudre, du rembourrage, un pompon, un bouton.
- une paire de ciseaux, une aiguille à coudre, une aiguille à broder.

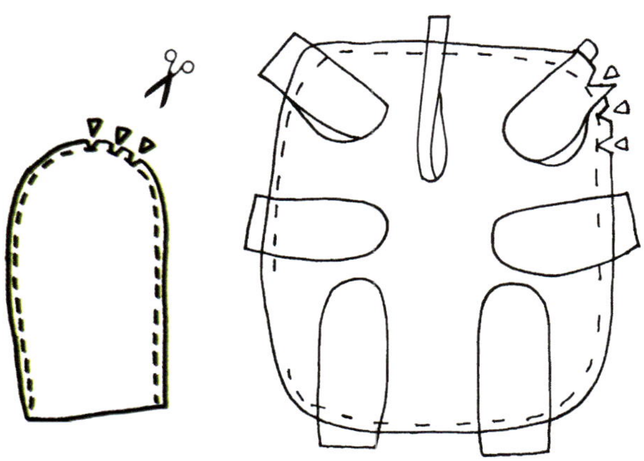

1 - Reproduire le patron sur une feuille de papier et découper les différentes pièces. Prévoir 0,5 cm supplémentaire pour les coutures.

2 - Reporter et découper la tête sur le tissu choisi et le bas du corps sur le tissu imprimé. Pour le dos, réunir les patrons de la tête et du bas du corps sur le tissu uni et découper.
Pour les pattes, plier le tissu en 2, endroit contre endroit. Reporter et découper la patte 4 fois. Sur les morceaux de feutrines, reporter et découper 1 fois le museau, 2 fois les oreilles et les 2 yeux.

3 - Montage du devant
Coudre ensemble la tête et le bas du corps à 0,5 cm du bord, tissus endroit contre endroit.

4 - Montage des éléments
Faire la bouche au point arrière. Coudre le museau au point arrière. Fixer les yeux avec un point de nœud, le pompon au bout du museau et le bouton.

5 - Réalisation des pattes
Superposer les 2 morceaux de tissu endroit contre endroit.
Coudre à 0,5 cm du bord en laissant une ouverture.
Cranter (à l'aide de ciseaux, couper des crans du bord du tissu à la couture) et retourner. Rembourrer.

6 - Montage du doudou
Superposer les 2 parties du corps endroit contre endroit. Glisser et épingler les pattes et les oreilles pliées en 2 (ainsi qu'un ruban, si vous voulez faire un porte-clefs) entre les 2 épaisseurs de tissu (schéma).
Coudre autour du corps (à 0,5 cm du bord) en laissant une ouverture sur le côté. Cranter les arrondis et retourner le corps sur l'endroit. Bourrer le doudou puis fermer à points glissés.

TÊTE
FIXER LES YEUX AVEC UN POINT DE NŒUD
FAIRE LA BOUCHE AU POINT ARRIÈRE
MUSEAU À COUDRE AU POINT ARRIÈRE
PATTE
EMPLACEMENT DU POMPON
OREILLE
BAS DU CORPS
EMPLACEMENT DU BOUTON

Léon le petit mouton

Edmond le lion

LÉON LE PETIT MOUTON

Pour réaliser soi-même son doudou, il faut :

- un coupon de tissu lainage de 10 cm/10 cm pour la tête.
- un coupon de tissu imprimé de 10 cm/10 cm pour le corps.
- un coupon de tissu uni de 20 cm/10 cm pour le dos.
- un morceau de feutre ou feutrine de 5 cm/5 cm pour le museau, un morceau de feutrine de 8 cm/6 cm pour les oreilles, un morceau de feutrine de 8 cm/12 cm pour les pattes et 2 petits morceaux de feutrine blanche pour les yeux.
- de la ouate, du fil à broder de différentes couleurs, du fil à coudre, du rembourrage.
- une paire de ciseaux, une aiguille à coudre, une aiguille à broder.

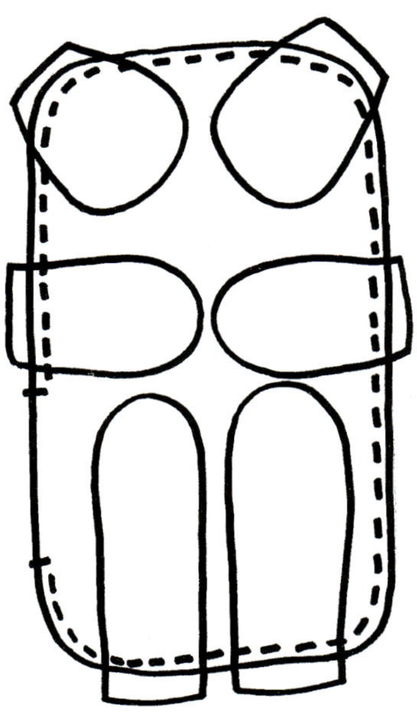

1 - Reproduire le patron sur une feuille de papier et découper les différentes pièces. Prévoir 0,5 cm supplémentaire pour les coutures.

2 - Reporter et découper la tête sur le tissu lainage et le bas du corps sur le tissu imprimé. Pour le dos, réunir les patrons de la tête et du bas du corps sur le tissu uni et découper.
Sur les morceaux de feutrine, reporter et découper 1 fois le museau, 2 fois les oreilles, 4 fois les pattes et 2 fois les yeux.

3 - Montage du devant
Coudre ensemble la tête et le bas du corps à 0,5 cm du bord, tissus endroit contre endroit.

4 - Montage des éléments
Faire la bouche au point arrière. Coudre le museau au point arrière. Placer les yeux avec un point de nœud.

5 - Montage du doudou
Superposer les 2 parties du corps endroit contre endroit. Glisser et épingler les pattes et les oreilles (ainsi qu'un ruban, si vous voulez faire un porte-clefs) entre les 2 épaisseurs de tissu (schéma).
Coudre autour du corps (à 0,5 cm du bord) en laissant une ouverture sur le côté. Cranter les arrondis et retourner le corps sur l'endroit. Bourrer le doudou puis fermer à points glissés.

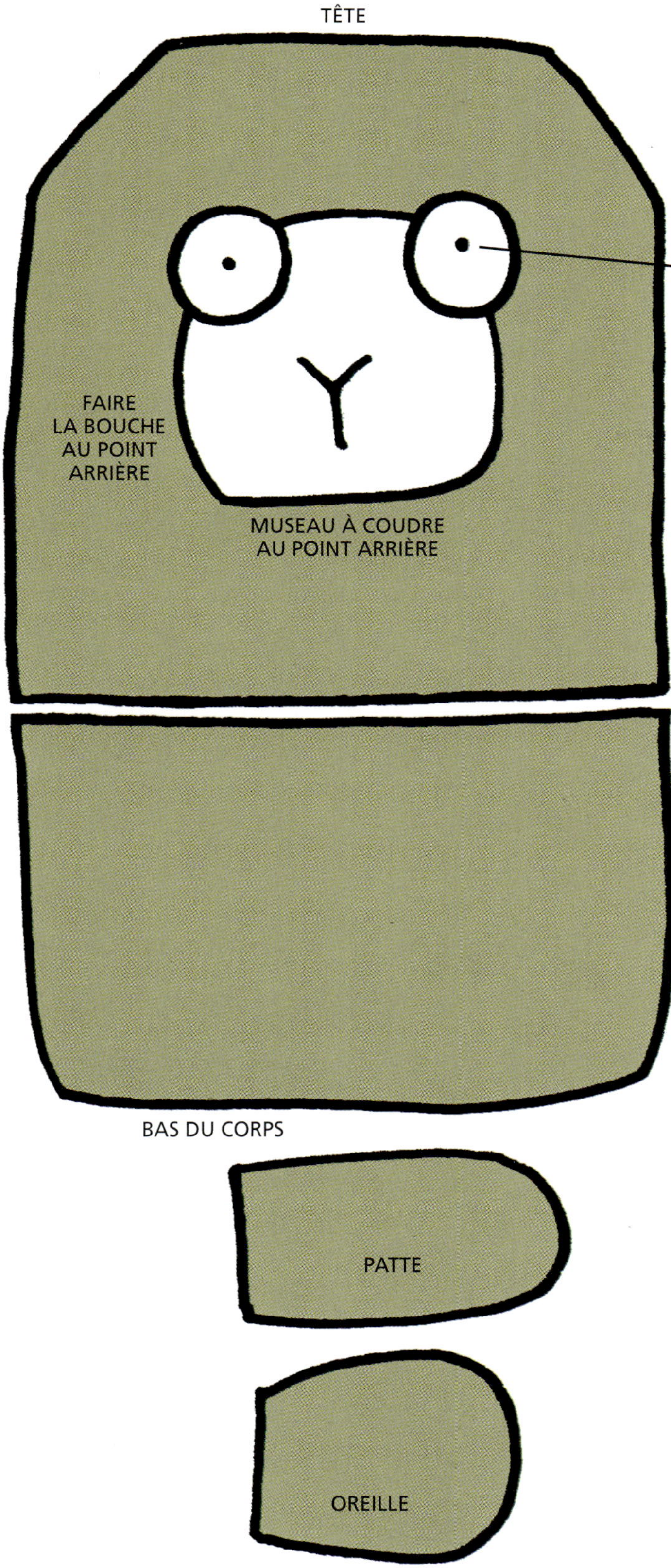
TÊTE
FIXER LES YEUX AVEC UN POINT DE NŒUD
FAIRE LA BOUCHE AU POINT ARRIÈRE
MUSEAU À COUDRE AU POINT ARRIÈRE
BAS DU CORPS
PATTE
OREILLE

Edmond le lion

Pour réaliser soi-même son doudou, il faut :

- un coupon de tissu de 10 cm/10 cm pour la tête.
- un coupon de tissu imprimé de 10 cm/10 cm pour le corps.
- un coupon de tissu fourrure de 20 cm/10 cm pour le dos.
- un morceau de feutrine de 8 cm/12 cm pour les pattes et de la feutrine blanche pour les yeux.
- de la ouate, du fil à broder de différentes couleurs, du fil à coudre, du rembourrage, un pompon.
- une paire de ciseaux, une aiguille à coudre, une aiguille à broder.

1 - Reproduire le patron sur une feuille de papier et découper les différentes pièces. Prévoir 0,5 cm supplémentaire pour les coutures.

2 - Reporter et découper la tête sur le tissu choisi et le bas du corps sur le tissu imprimé. Pour le dos, réunir les patrons de la tête et du bas du corps sur le tissu uni et découper.
Sur les morceaux de feutrines, reporter et découper 2 fois les yeux et 4 fois les pattes.

3 - Montage du devant
Coudre ensemble la tête et le bas du corps à 0,5 cm du bord, tissus endroit contre endroit.

4 - Montage des éléments
Fixer les yeux avec un point de nœud. Coudre le pompon au bout du museau.

5 - Montage du doudou
Superposer les 2 parties du corps endroit contre endroit. Glisser et épingler les pattes (ainsi qu'un ruban, si vous voulez faire un porte-clefs) entre les 2 épaisseurs de tissu (schéma).
Coudre autour du corps (à 0,5 cm du bord) en laissant une ouverture sur le côté. Cranter les arrondis et retourner le corps sur l'endroit. Bourrer le doudou puis fermer à points glissés.

TÊTE
FIXER LES YEUX AVEC
UN POINT DE NŒUD
EMPLACEMENT
DU POMPON
BAS DU CORPS
PATTE

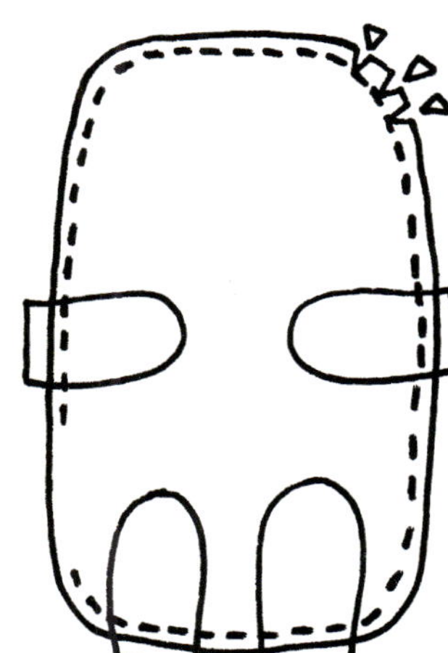

Anatole le petit raton laveur

Lou le petit loup

ANATOLE LE PETIT RATON LAVEUR

Pour réaliser soi-même son doudou, il faut :

- un coupon de tissu de 10 cm/10 cm pour la tête.
- un coupon de tissu imprimé de 10 cm/10 cm pour le corps.
- un coupon de tissu uni de 20 cm/10 cm pour le dos.
- un morceau de feutre ou feutrine de 4 cm/6 cm pour le masque, un morceau de feutrine de 10 cm/5 cm pour les oreilles, un morceau de feutrine de 8 cm/10 cm pour les pattes.
- de la ouate, du fil à broder de différentes couleurs, du fil à coudre, du rembourrage, un pompon, un bouton.
- une paire de ciseaux, une aiguille à coudre, une aiguille à broder.

1 - Reproduire le patron sur une feuille de papier et découper les différentes pièces. Prévoir 0,5 cm supplémentaire pour les coutures.

2 - Reporter et découper la tête sur le tissu choisi et le bas du corps sur le tissu imprimé. Pour le dos, réunir les patrons de la tête et du bas du corps sur le tissu uni et découper.
Sur les morceaux de feutrines, reporter et découper le masque 1 fois, les oreilles 2 fois et les pattes 4 fois.

3 - Montage du devant
Coudre ensemble la tête et le bas du corps à 0,5 cm du bord, tissus endroit contre endroit.

4 - Montage des éléments
Coudre le masque au point arrière, faire les yeux avec un point de nœud, coudre le pompon au bout du museau puis le bouton.

5 - Montage du doudou
Superposer endroit contre endroit les 2 parties du corps. Glisser et épingler les pattes et les oreilles (ainsi qu'un ruban si vous voulez faire un porte-clefs) entre les 2 épaisseurs de tissu (schéma).
Coudre autour du corps (0,5 cm du bord) en laissant une ouverture sur le côté. Cranter les arrondis et retourner le corps sur l'endroit. Bourrer le doudou puis fermer à points glissés.

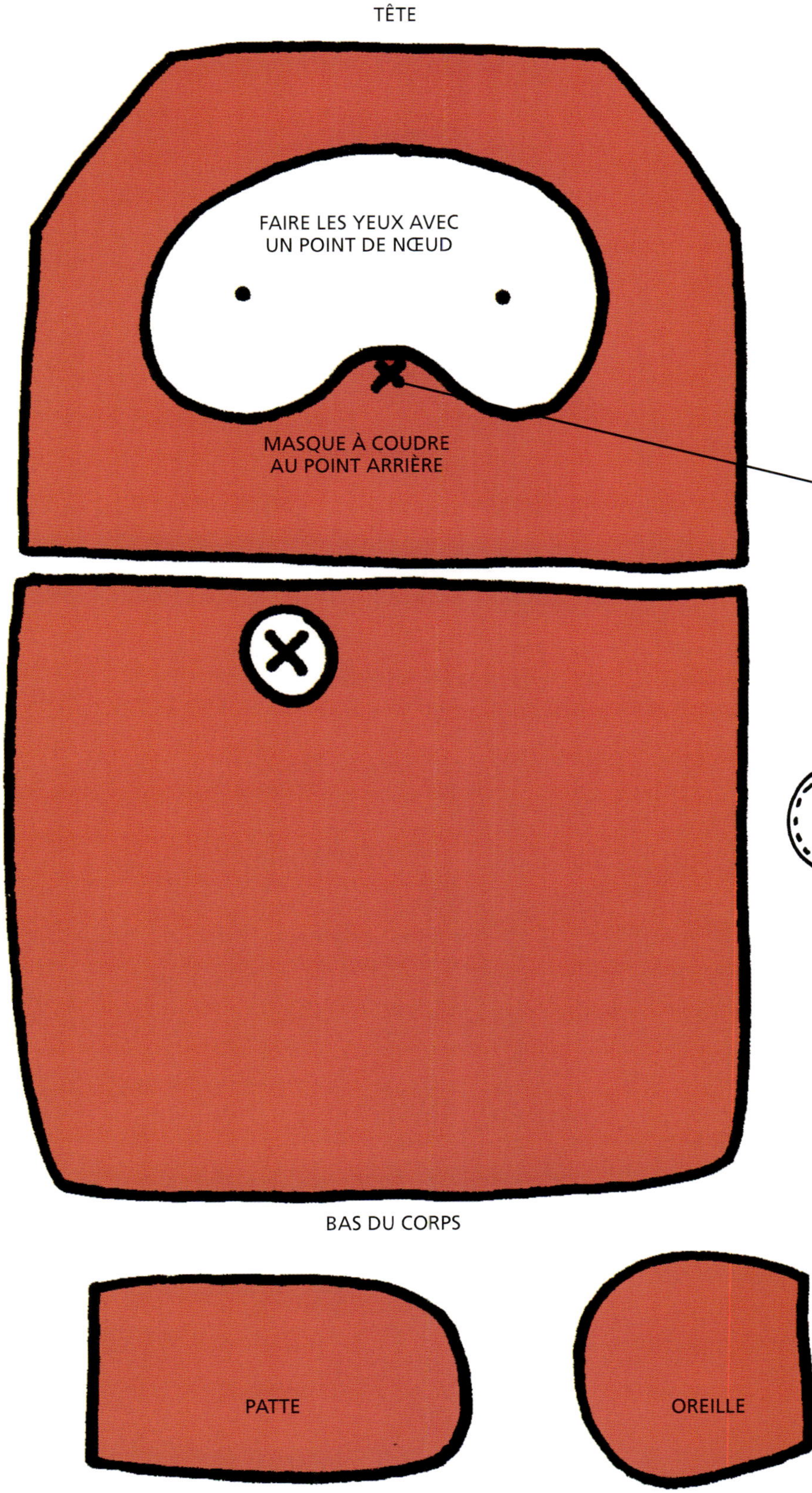
TÊTE
FAIRE LES YEUX AVEC
UN POINT DE NŒUD
MASQUE À COUDRE
AU POINT ARRIÈRE
EMPLACEMENT
DU POMPON
BAS DU CORPS
PATTE
OREILLE

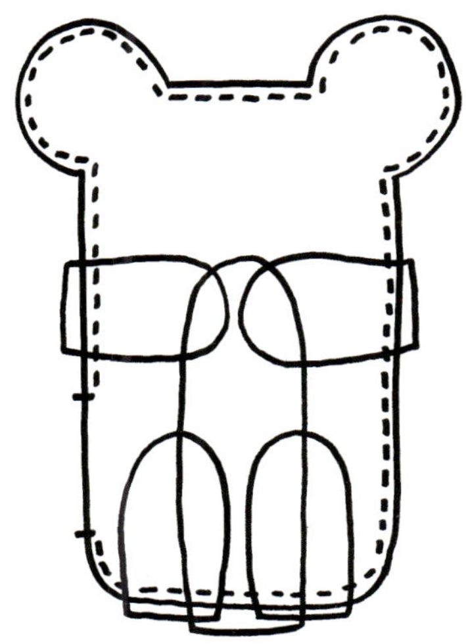

LOU
Le petit LOUP

Pour réaliser soi-même son doudou, il faut :

- un coupon de tissu fourrure de 15 cm/10 cm.
- un coupon de tissu imprimé de 30 cm/5cm pour l'écharpe
- un coupon de tissu de 15cm/10cm pour le dos.
- un coupon de tissu de 20cm/20cm pour les pattes.
- quelques morceau de feutrine blanche pour les yeux.
- de la ouate, du fil à broder de différentes couleurs, du fil à coudre, du rembourrage, un pompon.
- une paire de ciseaux, une aiguille à coudre, une aiguille à broder.

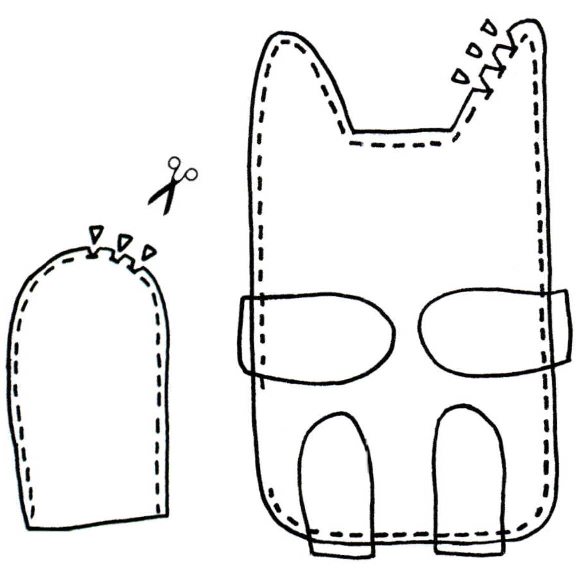

1 - Reproduire le patron sur une feuille de papier et découper les différentes pièces. Prévoir 0,5 cm supplémentaire pour les coutures.

2 - Reporter et découper le corps sur le tissu fourrure et le dos sur le tissu uni.
Pour les pattes, plier le tissu en 2, endroit contre endroit. Reporter et découper la patte 4 fois.
Sur la feutrine, reporter et découper 2 fois les yeux.

3 - Montage des éléments
Placer les yeux avec un point de nœud et le pompon au bout du museau.

4 - Réalisation des pattes
Superposer les 2 morceaux de tissu endroit contre endroit.
Coudre à 0,5 cm du bord en laissant une ouverture.
Cranter (à l'aide de ciseaux, couper des crans du bord du tissu à la couture) et retourner. Rembourrer.

5 - Montage du doudou
Superposer endroit contre endroit les 2 parties du corps. Glisser et épingler les pattes (ainsi qu'un ruban si vous voulez faire un porte-clefs) entre les 2 épaisseurs de tissu (schéma).
Coudre autour du corps (à 0,5 cm du bord) en laissant une ouverture sur le côté. Cranter les arrondis et retourner le corps sur l'endroit. Bourrer le doudou puis fermer à points glissés.

PLACER LES YEUX AVEC
UN POINT DE NŒUD
EMPLACEMENT
DU POMPON

PATTE

Marcel le petit renne

MALO LE PETIT AGNEAU

Marcel le petit renne

Pour réaliser soi-même son doudou, il faut :

- un coupon de tissu de 10 cm/10 cm pour la tête.
- un coupon de tissu imprimé de 10 cm/10 cm pour le corps.
- un coupon de tissu uni de 20 cm/10 cm pour le dos.
- un coupon de tissu de 20 cm/20 cm pour les pattes.
- un morceau de feutre ou feutrine de 10 cm/5 cm pour les bois, un morceau de feutrine de 10 cm/5 cm pour les oreilles et quelques morceaux de feutrine blanche pour les yeux.
- de la ouate, du fil à broder de différentes couleurs, du fil à coudre, du rembourrage, un pompon et un bouton.
- une paire de ciseaux, une aiguille à coudre, une aiguille à broder.

1 - Reproduire le patron sur une feuille de papier et découper les différentes pièces. Prévoir 0,5 cm supplémentaire pour les coutures.

2 - Reporter et découper la tête sur le tissu choisi et le bas du corps sur le tissu imprimé. Pour le dos, réunir les patrons de la tête et du bas du corps sur le tissu uni et découper.
Pour les pattes, plier le tissu en 2, endroit contre endroit. Reporter et découper la patte 4 fois.
Sur les feutrines, reporter et découper 2 fois les bois et 2 fois les oreilles. Sur la feutrine blanche, reporter et découper les 2 yeux.

3 - Montage du devant
Coudre ensemble la tête et le bas du corps à 0,5 cm du bord, tissus endroit contre endroit.

4 - Montage des éléments
Placer les yeux avec un point de nœud et le pompon au bout du museau. Coudre le bouton.

5 - Réalisation des pattes
Superposer les 2 morceaux de tissu endroit contre endroit.
Coudre à 0,5 cm du bord en laissant une ouverture.
Cranter (à l'aide de ciseaux, couper des crans du bord du tissu à la couture) et retourner. Rembourrer.

6 - Montage du doudou
Superposer endroit contre endroit les 2 parties du corps. Glisser et épingler les pattes, les bois et les oreilles pliées en 2 (ainsi qu'un ruban si vous voulez faire un porte-clefs) entre les 2 épaisseurs de tissu (schéma).
Coudre autour du corps (à 0,5 cm du bord) en laissant une ouverture sur le côté. Cranter les arrondis et retourner le corps sur l'endroit. Bourrer le doudou puis fermer à points glissés.

TÊTE

BAS DU CORPS

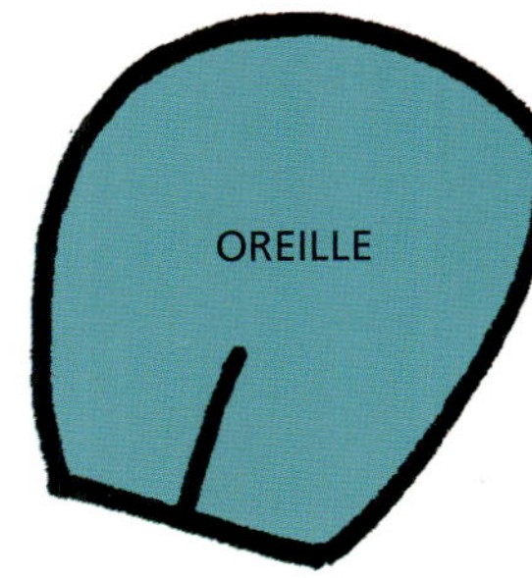

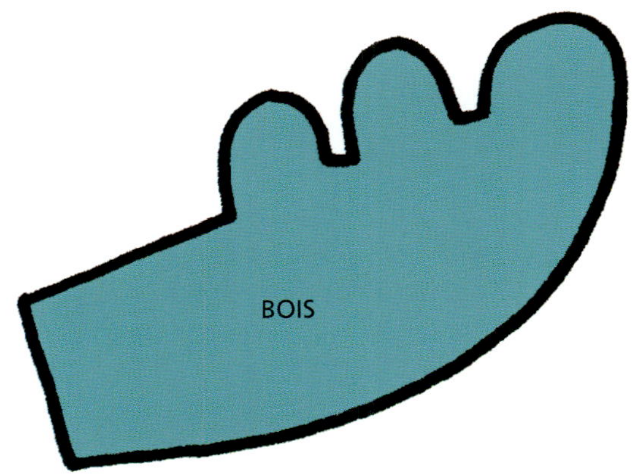

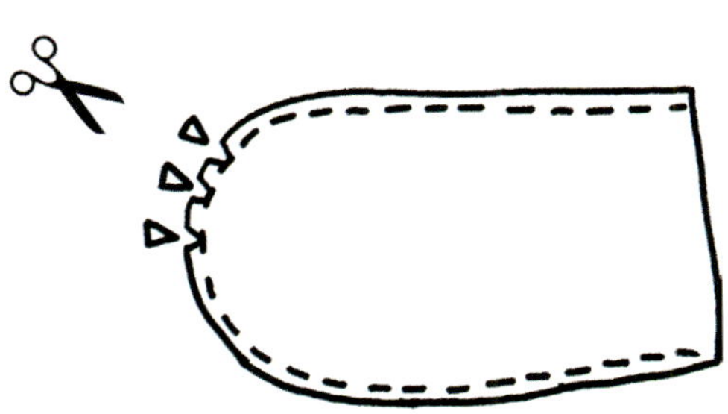

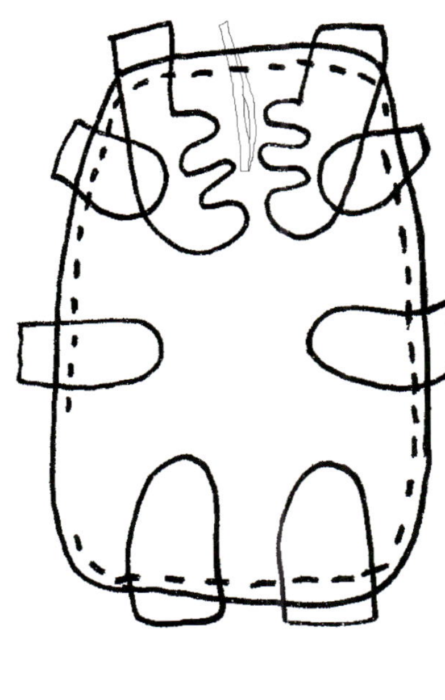

MALO LE PETIT AGNEAU

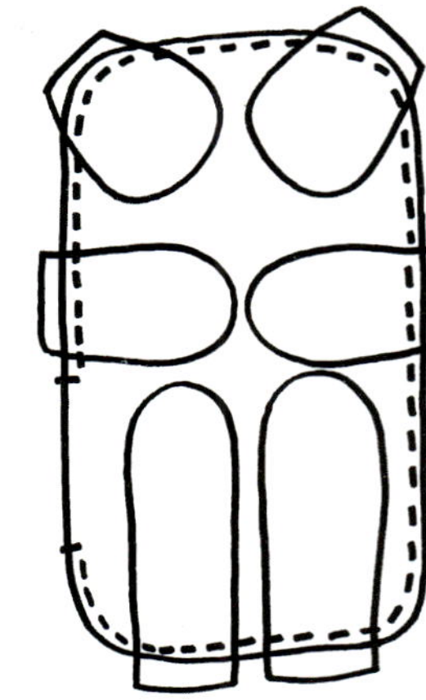

Pour réaliser soi-même son doudou, il faut :

- un coupon de tissu lainage de 15 cm/10 cm.
- un coupon de tissu de 15 cm/10 cm pour le dos.
- un morceau de feutre ou feutrine de 5 cm/5 cm pour le museau, de 10 cm/8 cm pour les pattes, de 8 cm/8 cm pour les oreilles et quelques morceaux de feutrine blanche pour les yeux.
- de la ouate, du fil à broder de différentes couleurs, du fil à coudre, du rembourrage.
- une paire de ciseaux, une aiguille à coudre, une aiguille à broder.

1 - Reproduire le patron sur une feuille de papier et découper les différentes pièces. Prévoir 0,5 cm supplémentaire pour les coutures.

2 - Reporter et découper le corps sur le tissu lainage et le dos sur le tissu uni.
Sur les morceaux de feutrine, reporter et découper 1 fois le museau, 2 fois les oreilles, 4 fois les pattes. Sur la feutrine blanche, reporter et découper les 2 yeux.

3 - Montage des éléments
Coudre le museau au point arrière, fixer les yeux avec un point de nœud, faire la bouche au point arrière.

4 - Montage du doudou
Superposer endroit contre endroit les 2 parties du corps. Glisser et épingler les pattes et les oreilles (ainsi qu'un ruban, si vous voulez faire un porte-clefs) entre les 2 épaisseurs de tissu (schéma).
Coudre autour du corps (à 0,5 cm du bord) en laissant une ouverture sur le côté. Cranter les arrondis et retourner le corps sur l'endroit. Bourrer le doudou puis fermer à points glissés.

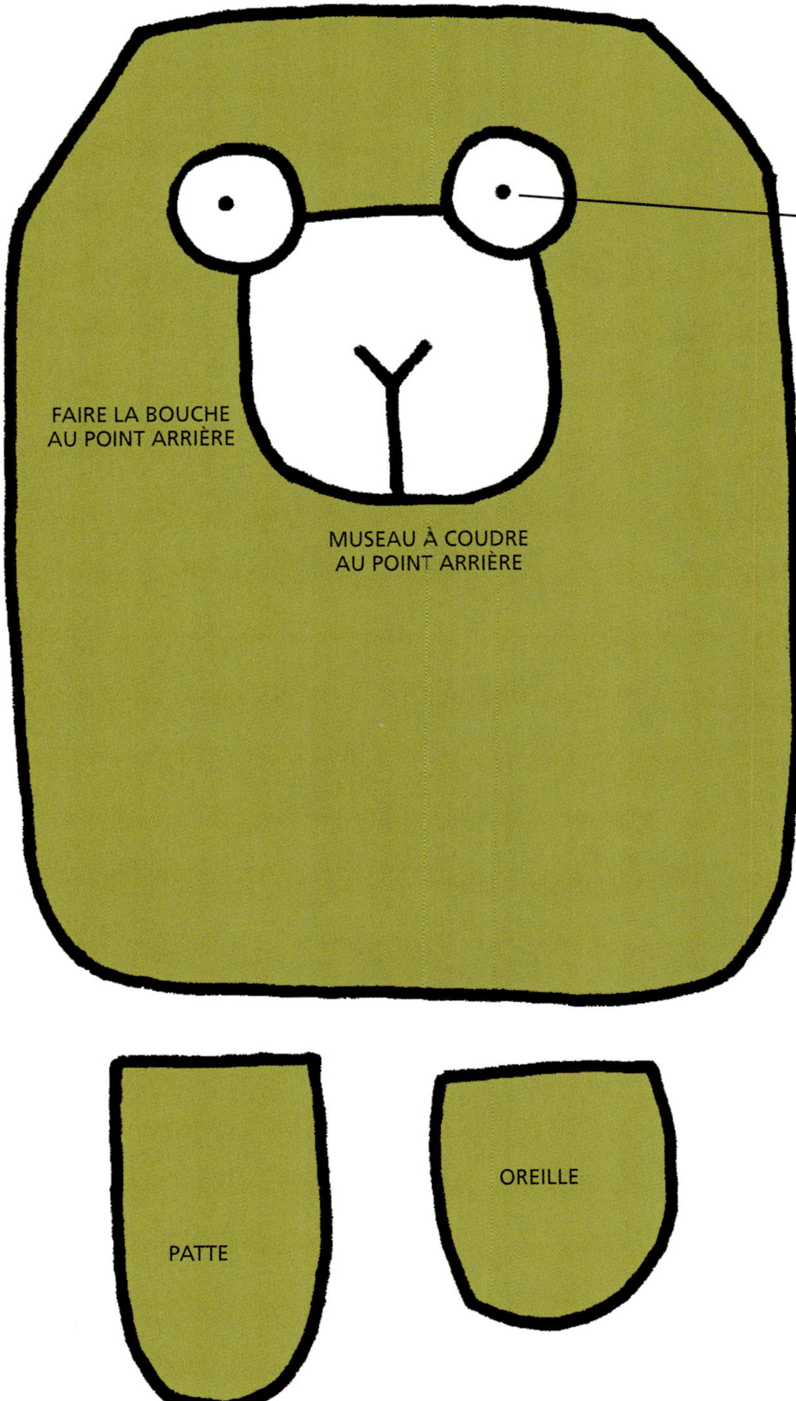
FIXER LES YEUX AVEC
UN POINT DE NŒUD
FAIRE LA BOUCHE
AU POINT ARRIÈRE
MUSEAU À COUDRE
AU POINT ARRIÈRE
PATTE
OREILLE

PROSPER LE PETIT BOULEDOGUE

CASPER LE PETIT HIBOU

Prosper le petit Bouledogue

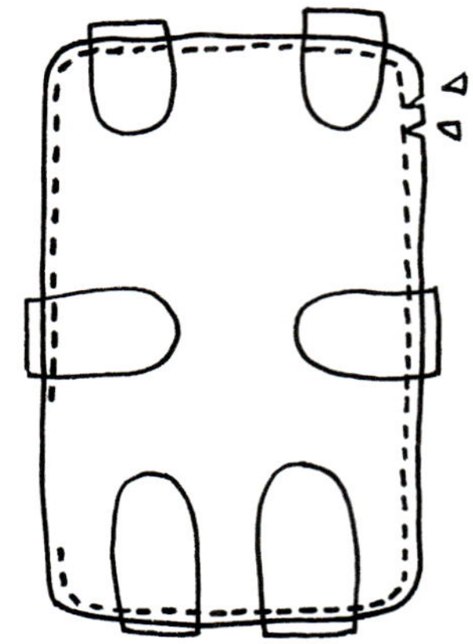

Pour réaliser soi-même son doudou, il faut :

- un coupon de tissu de 10 cm/10 cm pour la tête.
- un coupon de tissu imprimé de 10 cm/10 cm pour le corps.
- un coupon de tissu uni de 20 cm/10 cm pour le dos.
- un morceau de feutre ou feutrine de 5 cm/5 cm pour le museau, un morceau de feutrine de 8 cm/6 cm pour les oreilles et de 8 cm/12 cm pour les pattes et un pour la tache.
- de la ouate, du fil à broder de différentes couleurs, du fil à coudre, du rembourrage, un pompon et 2 boutons.
- une paire de ciseaux, une aiguille à coudre, une aiguille à broder.

1 - Reproduire le patron sur une feuille de papier et découper les différentes pièces. Prévoir 0,5 cm supplémentaire pour les coutures.

2 - Reporter et découper la tête sur le tissu choisi et le bas du corps sur le tissu imprimé. Pour le dos, réunir les patrons de la tête et du bas du corps sur le tissu uni et découper.
Sur les morceaux de feutrines, reporter et découper 1 fois le museau, 2 fois les oreilles, 4 fois les pattes et 1 fois la tache.

3 - Montage du devant
Coudre ensemble la tête et le bas du corps à 0,5 cm du bord, tissus endroit contre endroit.

4 - Montage des éléments
Coudre le museau au point arrière et faire la bouche. Coudre le pompon au bout du museau et coudre les boutons (en glissant la tache) à la place des yeux.

5 - Montage du doudou
Superposer endroit contre endroit les 2 parties du corps. Glisser et épingler les pattes et les oreilles (ainsi qu'un ruban, si vous voulez faire un porte-clefs) entre les 2 épaisseurs de tissu (schéma).
Coudre autour du corps (à 0,5 cm du bord) en laissant une ouverture sur le côté. Cranter les arrondis et retourner le corps sur l'endroit. Bourrer le doudou puis fermer à points glissés.

TÊTE
COUDRE LA TACHE ET LES BOUTONS À LA PLACE DES YEUX
EMPLACEMENT DU POMPON
FAIRE LA BOUCHE AU POINT ARRIÈRE
MUSEAU À COUDRE AU POINT ARRIÈRE
BAS DU CORPS
PATTE
OREILLE

CASPER LE PETIT HIBOU

Pour réaliser soi-même son doudou, il faut :

- un coupon de tissu de 10 cm/10 cm pour la tête.
- un coupon de tissu imprimé de 10 cm/10 cm pour le corps.
- un coupon de tissu uni de 20 cm/10 cm pour le dos.
- un coupon de tissu de 20 cm/20 cm pour les pattes.
- un morceau de feutre ou feutrine de 5 cm/5 cm pour la tache et quelques morceaux de feutrine blanche pour les yeux.
- de la ouate, du fil à broder de différentes couleurs, du fil à coudre, du rembourrage, un pompon.
- une paire de ciseaux, une aiguille à coudre, une aiguille à broder.

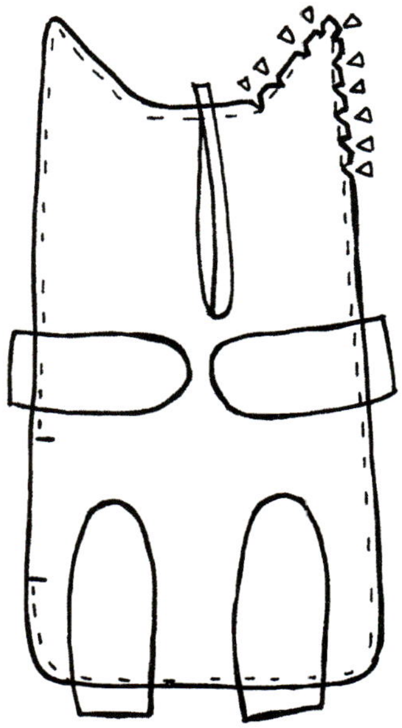

1 - Reproduire le patron sur une feuille de papier et découper les différentes pièces. Prévoir 0,5 cm supplémentaire pour les coutures.

2 - Reporter et découper la tête sur le tissu choisi et le bas du corps sur le tissu imprimé. Pour le dos, réunir les patrons de la tête et du bas du corps sur le tissu uni et découper.
Pour les pattes, plier le tissu en 2, endroit contre endroit. Reporter et découper la patte 4 fois.
Sur la feutrine, reporter et découper 1 fois la tache. Sur la feutrine blanche reporter et découper les 2 yeux.

3 - Montage du devant
Coudre ensemble la tête et le bas du corps à 0,5 cm du bord, tissus endroit contre endroit.

4 - Montage des éléments
Coudre la tache au point arrière, fixer les yeux avec un point de nœud et le pompon au bout du museau.

5 - Réalisation des pattes
Superposer les 2 morceaux de tissu endroit contre endroit.
Coudre à 0,5 cm du bord en laissant une ouverture.
Cranter (à l'aide de ciseaux, couper des crans du bord du tissu à la couture) et retourner. Rembourrer.

6 - Montage du doudou
Superposer endroit contre endroit les 2 parties du corps. Glisser et épingler les pattes (ainsi qu'un ruban, si vous voulez faire un porte-clefs) entre les 2 épaisseurs de tissu (schéma).
Coudre autour du corps (à 0,5 cm du bord) en laissant une ouverture sur le côté. Cranter les arrondis et retourner le corps sur l'endroit. Bourrer le doudou puis fermer à points glissés.

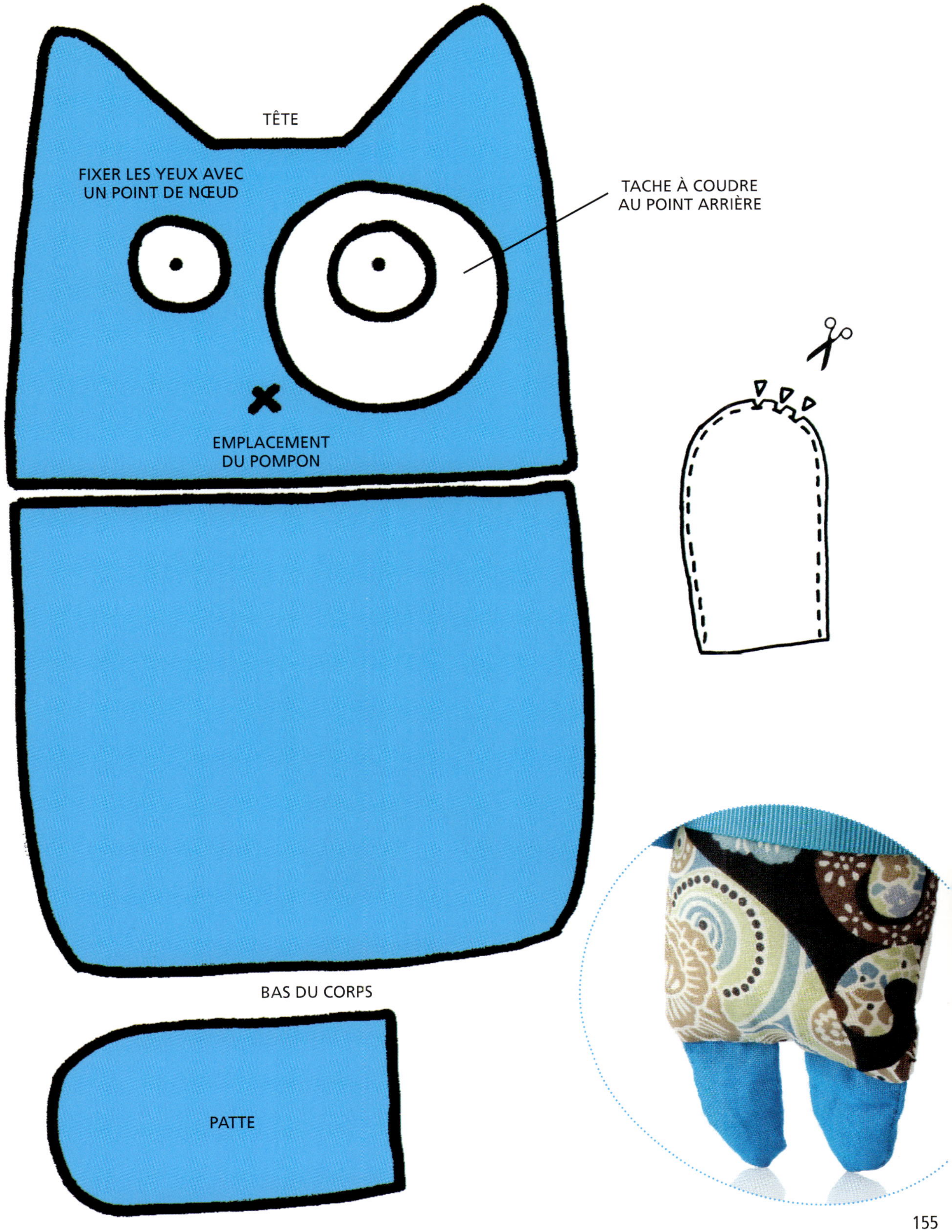
TÊTE
FIXER LES YEUX AVEC
UN POINT DE NŒUD
TACHE À COUDRE
AU POINT ARRIÈRE
EMPLACEMENT
DU POMPON
BAS DU CORPS
PATTE

CLOVIS L'OISILLON

CLOVIS L'OISILLON

Pour réaliser soi-même son doudou, il faut :

- un coupon de tissu pour la tête de 6 cm/12 cm.
- un coupon de tissu imprimé pour le corps de 14 cm/12 cm.
- un morceau de tissu de 15 cm/3 cm pour l'écharpe.
- un morceau de feutre ou feutrine de 8 cm/4 cm pour le bec, un morceau de feutrine de 10 cm/8 cm pour les pattes, un morceau de feutrine blanche de 4 cm/8 cm pour les yeux.
- de la ouate, du fil à broder de différentes couleurs, du fil à coudre, du rembourrage.
- une paire de ciseaux, une aiguille à coudre, une aiguille à broder.

1 - Reproduire le patron sur une feuille de papier et découper les différentes pièces. Prévoir 0,5 cm supplémentaire pour les coutures.

2 - Plier le tissu choisi en 2, endroit contre endroit, puis reporter et découper 1 fois la tête.
Plier le tissu imprimé en 2, endroit contre endroit, puis reporter et découper 1 fois le corps.
Plier en 2 la feutrine, puis reporter et découper 2 fois la patte et 1 fois le bec.
Sur la feutrine blanche, reporter et découper 2 fois les yeux.

3 - Montage de l'oiseau
Coudre ensemble la tête et le bas du corps à 0,5 cm du bord, le faire pour les 2 côtés de l'oiseau.
Placer les yeux et faire un point de nœud au centre.

4 - Montage du bec et des pattes
Superposer les 2 morceaux de feutrine et les coudre ensemble au point levé (schéma ci-contre).
Faire de même pour les 2 pattes.

5 - Montage du doudou
Superposer les 2 parties du corps endroit contre endroit. Glisser et épingler les pattes et le bec (ainsi qu'un ruban, si vous voulez faire un porte-clefs) entre les 2 épaisseurs de tissu (schéma).
Coudre autour du corps (à 0,5 cm du bord) en laissant une ouverture sur le côté. Cranter les arrondis et retourner le corps sur l'endroit. Bourrer le doudou puis fermer à points glissés. Nouer l'écharpe.

TÊTE
BEC
FIXER LES YEUX
AVEC UN POINT
DE NŒUD
BAS DU CORPS

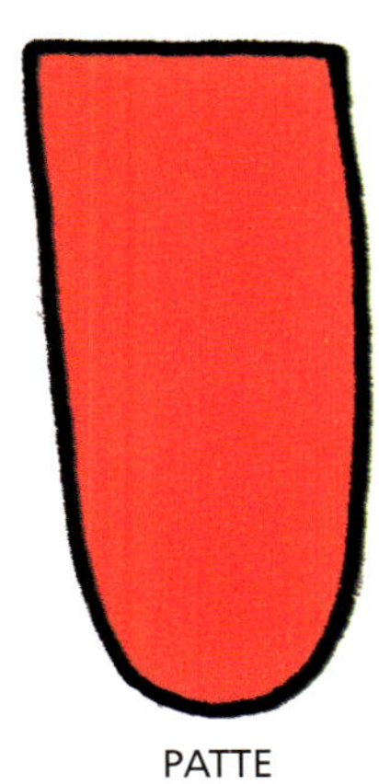
PATTE

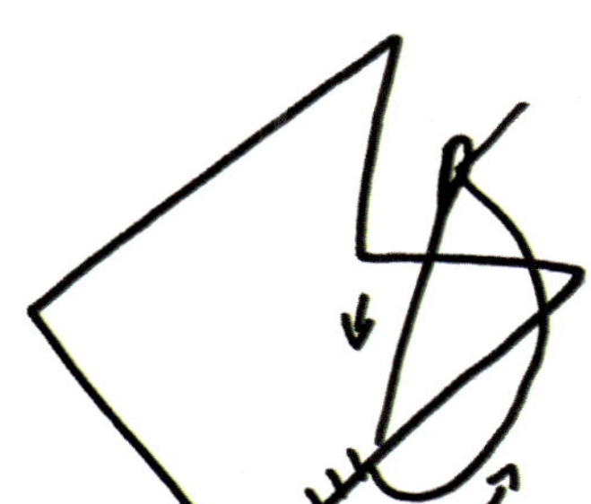

Éditions Marie Claire
Publiées par Société d'Information et de Créations - SIC
Une société de Marie Claire Album
10, bd des Frères-Voisin 92792 Issy-Les-Moulineaux CEDEX 9 - France
Tél. 01 41 46 88 88
RCS Nanterre 302 114 509
SARL au capital de 3 822 000 euros

ISBN : 978-2-84831-246-0
N° Éditeur : 38369
Imprimé par G. Canale & C., Roumanie
Dépôt légal : réimpression février 2011

www.editionsmarieclaire.com